DELIUS KLASING

W0051756

Kirsten Gunkel
Helmut Hinnemann

Segelspaß
auf zwei
Rümpfen

Delius Klasing Verlag

Von Helmut Hinnemann ist außerdem folgender
Titel im Delius Klasing Verlag erschienen:
Cat-Segeln für Einsteiger

Die Deutsche Bibliothek – CIP-Einheitsaufnahme

Cat-Fun pur: Segelspaß auf zwei Rümpfen /
Kirsten Gunkel/Helmut Hinnemann. –
1. Aufl. – Bielefeld: Delius Klasing, 2001
ISBN 3-7688-1256-1

1. Auflage
ISBN 3-7688-1256-1
© by Delius, Klasing & Co. KG, Bielefeld

Fotos: Kirsten Gunkel
Zeichnungen: Karin Buschhorn
Umschlaggestaltung und Layout: Ekkehard Schonart
Druck: Schäfer Druck, Werther
Printed in Germany 2001

Delius Klasing Verlag, Siekerwall 21, D-33602 Bielefeld
Tel.: 0521/559-0, Fax: 0521/559-113
e-mail: info@delius-klasing.de
http://www.delius-klasing.de

Inhalt

1   Zwei Kufen und viel Spaß

Hat euch das Catamaransegeln schon fasziniert und begeistert, als ihr noch im Opti oder anderen Kinderjollen gesegelt habt? Habt ihr die Erwachsenen bewundert, wie sie mit ihren bunten Segeln in rasanter Geschwindigkeit scheinbar mühelos über das Wasser gleiten?

Jetzt ist es soweit – ihr seid an der Reihe, und es wird einfacher als ihr denkt. Tatsächlich bieten Catamarane hohe Geschwindigkeiten und sind dabei dennoch relativ einfach zu beherrschen. Auch das Trapezsegeln lernt ihr nirgendwo anders einfacher. Schnell schafft ihr es, mit dem Luvschwimmer in der Luft durch die Gegend zu brettern. Dann seid ihr es plötzlich, die von Zuschauern und anderen Seglern bewundert werden.

Mit diesem Buch geht ihr den ersten Schritt auf dem Weg zum Catsegler. Dann braucht ihr nur noch einen passenden Kurs daheim, im Urlaub oder in der Jugendfreizeit buchen, und los geht es. Generell orientiert sich dieses Buch an der Praxis. Die Theorie haben wir daher auf das notwendige Maß beschränkt. Schließlich geht es nur um eines: Ihr sollt mit eurem neuen Sport maximalen Spaß haben.

Kirsten Gunkel / Helmut Hinnemann

Viel Speed, viel Spaß: Mit dem Luvschwimmer in der Luft.

2 Das ist mein Cat

Die Aufrichtleine wird in der Trampolintasche verstaut.

Das ist er nun also, der Catamaran, auf dem ihr mit unserer Hilfe eure neuen Abenteuer bestehen werdet. Ziemlich anders als ein Opti sieht er ja wirklich aus. Der größte Unterschied ist, dass er zwei Rümpfe hat und zwischen diesen ein Trampolin gespannt ist. Im Gegensatz zu anderen Booten sitzt ihr also nicht im, sondern auf dem Boot, beziehungsweise auf den Rümpfen. Vorne auf dem Trampolin (gleich hinter dem Mast) ist eine Tasche festgenäht, in der die Aufrichtleine verstaut wird. Sie ist eines der wichtigsten Ausrüstungsteile, denn nur mithilfe einer solchen Leine schafft man es, einen gekenterten (umgekippten) Catamaran wieder aufzurichten (vgl. Kap. 9). Das Großsegel ist an Mast und Großbaum befestigt. Unser Schulungscat, der Hobie »Dragoon«, wird ohne Großbaum gesegelt. Die Segellatten reichen von der hinteren bis zur vorderen Kante des Segels. Das nennt man durchgehende Latten bzw.

Die Trapezvorrichtung mit
a Trapezknochen
b Trapezgriff
c Trapeztampen
d Trapezstopper
e Trapezdraht

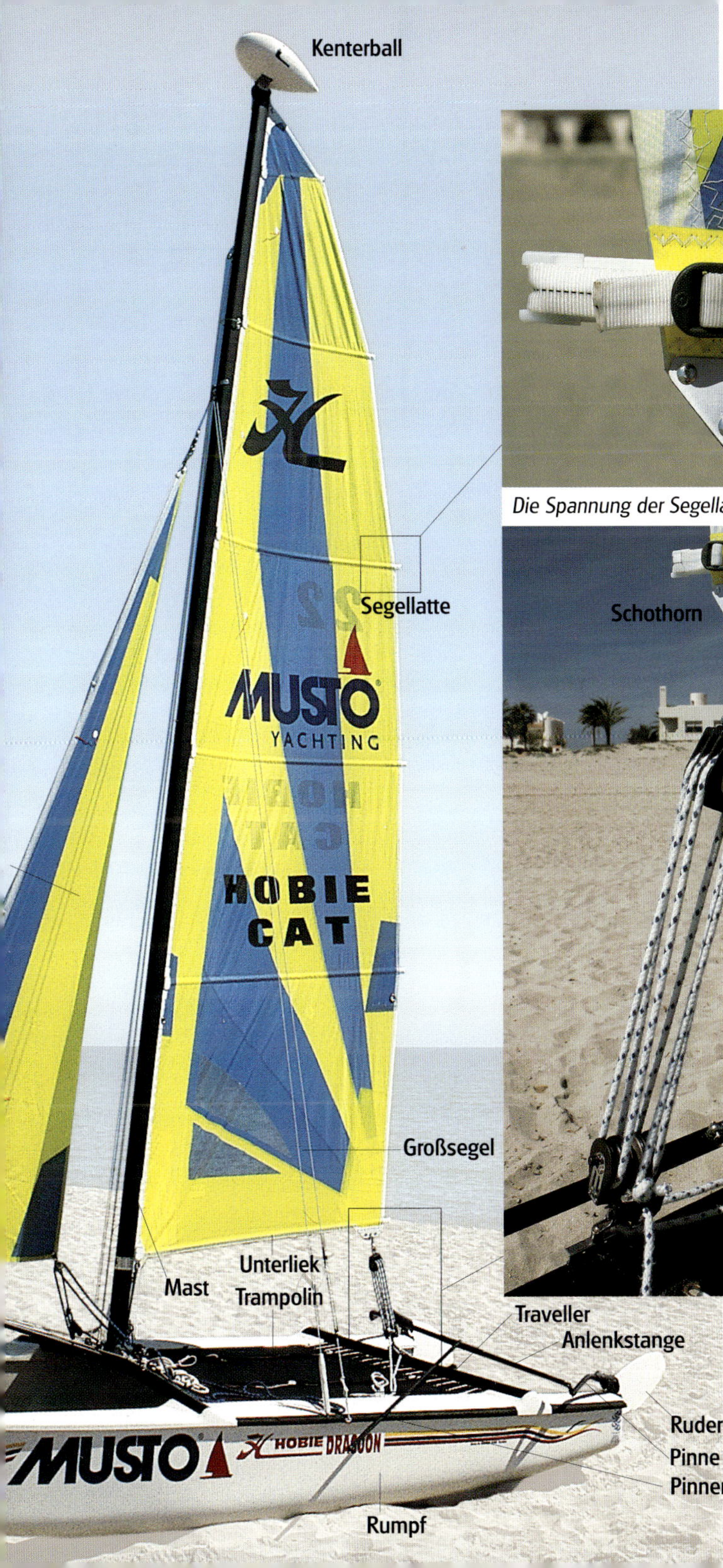

Kenterball
Segellatte
MUSTO
YACHTING
HOBIE
CAT
Großsegel
Unterliek
Mast
Trampolin
Traveller
Anlenkstange
Ruderblatt
Pinne
Pinnenausleger
MUSTO
HOBIE DRAGOON
Rumpf

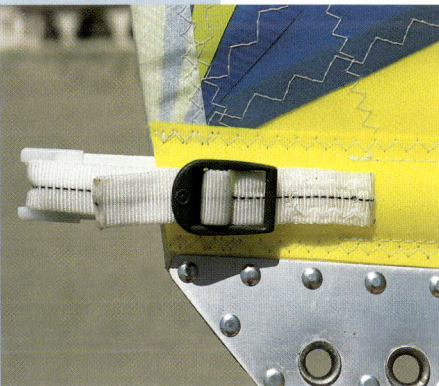

Die Spannung der Segellatten kann variiert werden.

Schothorn

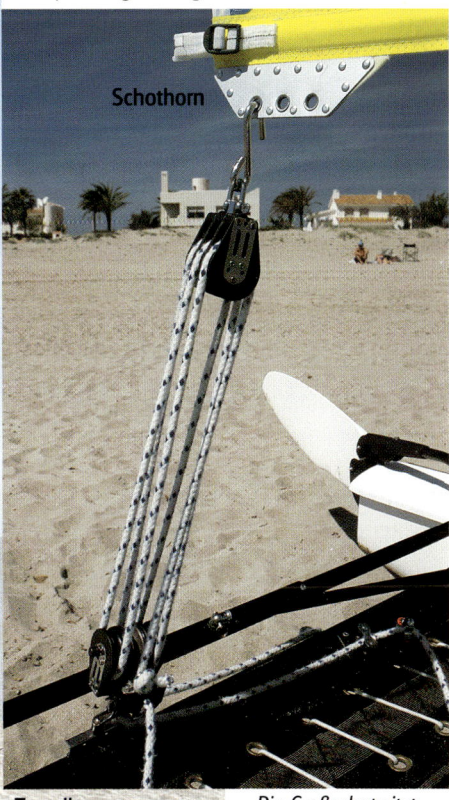

Die Großschot sitzt zwischen Großsegel und Travellerschiene.

durchgelattetes Großsegel. Die Segellatten dienen dem Segeltrimm und können unterschiedlich eingestellt werden, je nachdem ob das Großsegel flach (weniger Lattenspannung) oder bauchig (mehr Lattenspannung) eingestellt werden soll. Ihr bedient das Großsegel mit der Großschot, die am hinteren Ende des Trampolins über einen Traveller gefahren wird, der auch dem Segeltrimm dient (vgl. Kap. 11).

Die meisten Catamarane haben außerdem noch ein Vorsegel, die Fock. Auf Vor-Wind-Kursen könnt ihr diese durch einen Gennaker, der über den Gennakerbaum gefahren wird, ersetzen. Dadurch wird das Segeln mit dem Cat noch einen Tick sportlicher (vgl. Kap. 12).

Apropos sportlich: Richtig fetzig segeln bedeutet für den Vorschoter, bei gutem Wind ins Trapez zu gehen. Das heißt, er hakt sich mit seiner Trapezhose in den Trapezdraht ein (vgl. Kap. 11) und stellt sich außen auf den Längsholm, über den das Trampolin gespannt ist. So sorgt der Vorschoter für mehr Stabilität, dem Winddruck wird mehr Gewicht entgegengesetzt. Neben dem Trapezdraht gibt es auf beiden Seiten des Mastes jeweils noch einen weiteren Draht. Das sind die Wanten, die den Mast seitlich halten.

Wenn ihr euch noch mal den hinteren Teil des Catamarans anschaut, seht ihr, dass er zwei Ruderblätter hat. Ist ja logisch, da er auch aus zwei Rümpfen besteht. Die Ruderblätter können abgesenkt oder hochgeholt werden, je nach Wassertiefe. So könnt ihr bei weichem, sandigem Boden sogar bis auf den Strand hinauffahren. Die Anlenk-stange verbindet die beiden Pinnen der Ruderblätter. Außerdem ist in der Mitte der Anlenkstange noch der Pinnenausleger befestigt. Damit steuert ihr das Schiff. Der Ausleger ist extra lang, damit ihr den Catamaran auch dann steuern könnt, wenn ihr als Steuermann im Trapez steht oder weit entfernt von der Anlenkstange sitzt.

Da ist aber noch etwas, was bei diesem Cat besonders auffällt und ihn auch von den anderen – größeren – unterscheidet. Oben an der Spitze des Mastes ist ein Kunststoff-ei befestigt, der sogenannte Kenterball. Er verhindert das Durchkentern des Catamarans, da er dem Mast Auftrieb gibt.

War das ein bisschen viel für den Anfang? Keine Panik. In den folgenden Kapiteln erklären wir euch alles noch mal Schritt für Schritt, und auf den Bildern seht ihr ja, wo sich die einzelnen Teile eures Cats befinden.

Das Segelsetzen und Segelbergen

Der Windmotor unseres Catamarans sind die Segel. Sie können uns bis auf 40 km/h beschleunigen. Bevor es aber losgeht, lernt ihr das Setzen und Bergen der Segel kennen. Das Grundprinzip ist bei fast allen Catamarantypen gleich. Kleine Unterschiede tüftelt ihr selber aus.

Unser Lerncat ist der Hobie »Dragoon«.

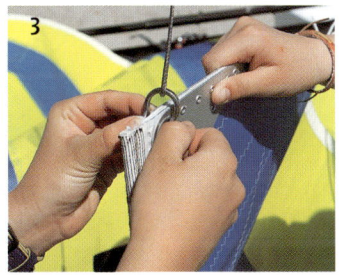

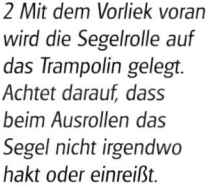

1 Zu zweit segeln heißt auch zu zweit tragen.

2 Mit dem Vorliek voran wird die Segelrolle auf das Trampolin gelegt. Achtet darauf, dass beim Ausrollen das Segel nicht irgendwo hakt oder einreißt.

3 Das Großfall wird an dem Segelkopf befestigt, bevor es in die Mastnut eingeführt wird. Das Großfall muss frei bis zur Mastspitze gezogen werden können.

4 Jetzt wird der Segelkopf in die Mastnut eingeführt.

5 Während einer das Großfall bedient, achtet der andere Segelpartner darauf, dass das Segel einwandfrei in die Mastnut rutscht.

1 Hier seht ihr, dass es einfacher ist, sich vor den Cat zu stellen und zu ziehen. Die letzten Zentimeter sind etwas schwieriger, wenn das Vorliek sandig und salzig ist.

2a/b Ein Kontrollblick nach oben, ob das Großfall arretiert ist. Dann bringt ihr etwas Zug auf den Vorliekstrecker, um den sicheren Halt des Großsegels zu testen.

3 Der Pinnenausleger wird an der Anlenkstange montiert.

4 Der Großschotblock wird an den Traveller angebracht. Die Schot führt gleichzeitig das Großsegel und den Traveller.

5 Der obere Großschotblock wird nun in das Schothorn eingehängt. Achtet darauf, dass die Schot nicht in den Klemmen belegt ist.

Vorliekstrecker

6 Der Blick nach vorne zeigt, dass der Vorliekstrecker nicht angezogen ist. Dies geschieht erst kurz vor dem Anfahren, damit das Segel nicht zu schlagen beginnt. Großfall und Vorliekstrecker werden an der Klampe belegt. (siehe Abb. 10).

7 Jetzt müssen nur noch die Aufrichtleine und die Fallen in die Trampolin-Taschen verstaut werden.

8 So sieht die Führung der Großschot im Detail aus.

9 Schließlich befestigt ihr das Ende der Großschot mit einem Achtknoten am Achterholm des Cats.

10 Das Belegen auf der Klampe ist noch keinem Segler in den Schoß gefallen. Es gelingt durch viel Übung.

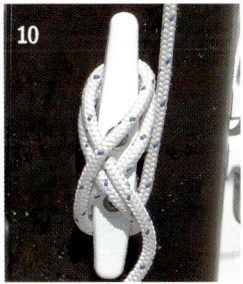

13

Das Segelbergen

Nach dem Segeln möchte man schnell den Cat beiseite schieben. Nehmt euch aber die Zeit zum sorgfältigen Segelbergen und Sichern des Bootes. Es lohnt sich, denn wenn ihr alles sauber und ordentlich verstaut, werdet ihr mit einem guten Start in den neuen Segeltag belohnt. Stellt euch vor: Toller Wind, super Wetter und ihr müsst erst einmal eine neue Rudernock einbauen oder neue Lattenbändsel besorgen. Ärgerlich, oder? Also lieber die Wartungsarbeiten und Reparaturen sofort erledigen!

1 Das Wichtigste beim Bergen der Segel: Rollt sowohl das Großsegel als auch die Fock ordentlich, sandfrei zusammen. Achtet darauf, dass die Segellatten parallel liegen.

2 Damit das Großfall bei Wind nicht gegen den Mast schlägt, wird es nach achtern gebunden.

3a/b Praktisch ist die Rollfock des Hobie »Dragoon«. Damit sie sich jedoch nicht selbstständig entrollt, müsst ihr den Tampen sicher belegen. Optimal wäre auch ein Bändsel, dass ihr um die Fock bindet.

4 Gut trocken und sauber werden die Segel in den Segelsack gepackt. Legt bitte keinen Pinnenausleger hinzu. Sie sind an manchen Stellen scharfkantig und beschädigen das Tuch.

Das Bergen der Segel verläuft eigentlich in umgekehrter Reihenfolge wie das Setzen. Einige Besonderheiten solltet ihr beachten:

Es ist selbstverständlich, dass ihr sehr sorgsam mit den Segeln hantiert und sie nach dem Segeln in den Segelsack packt.

Nach dem Segeln löst man die Lattenspannung – zu viel Spannung schadet auf Dauer dem Tuch.

Salz und Sand sind Gift für das Cat-Segel. Man kann zwar nicht immer am Meer das Segel unter eine Süßwasserdusche halten, der Sand muss jedoch abgewaschen werden, zur Not auch mit Salzwasser. Nach zwei oder drei Segeltagen müsst ihr dann aber auch das Salz auswaschen.

Wichtig ist auch, dass ihr vor und nach dem Segeln auf Beschädigungen achtet. Kleinere Löcher oder Risse könnt ihr mit selbstklebendem Klebeband oder Segeltuch

zunächst richten. Denkt daran, auf dem Wasser können schnell aus kleinen Schäden große Probleme entstehen.

Das Setzen und Bergen der Segel übt sich von alleine. Klar, dass es auch Teamarbeit ist, nicht nur der Anstrengung wegen, sondern auch im Hinblick auf die Sicherheit. Vier Augen sehen mehr als zwei!

Es könnte ja passieren, dass über Nacht Sturm aufkommt.

Sichert den Cat an Land gut. Keine losen Bändsel, Drähte und Fallen sollten schlagen. Eine Metallkausch, die permanent über mehrere Stunden gegen den Alumast schlägt, kann ihn fast unbrauchbar werden lassen. Bindet das Boot bei unsicherer Wetterlage am Boden an den Querholmen fest. Ihr könnt euch vorstellen, dass allein der hohe Mast einen beachtlichen Windwiderstand bietet, der den Cat an Land zum Kippen bringen kann.

Auch könnten üble Zeitgenossen aus Unfug sich an eurer Ausrüstung bedienen oder wichtige Dinge wie Schäkel, Sicherungsringe oder Ähnliches losdrehen.

Nehmt alle losen Gegenstände von Bord. Umwickelt die Sicherungsringe mit rotem Klebeband. Ihr seht dann schneller, ob euch jemand ärgern wollte.

Wann immer es geht, benutzt einen Slipwagen. Mit ihm lässt sich der Cat gut an Land bewegen. Vorsicht: Die Räder dürfen nicht an den Innenseiten der Rümpfe scheuern. Öffnet nach dem Segeln auch die Ablassschrauben, damit der Luftdruck in den Rümpfen, der bei intensiver Sonneneinstrahlung entsteht, entweichen kann.

15

3 Die richtige Kleidung

Wie gute Schuhe zum Basketball, feste Handschuhe zum Snowboarden oder sichere Kneepads zum Skaten gehört besonders auch zum Catsegeln die richtige Kleidung.

Wasserfeste, wärmende Bekleidung ist für alle ein Muss, die länger als ein paar Minuten segeln wollen. Denn selbst in den heißesten Regionen kühlt man, nassgesegelt und dem Wind ausgesetzt, schnell aus – genauso wie eine mit einem nassen Handtuch umwickelte Cola-Flasche im Wind schön kalt bleibt. Also entweder zum Trockenanzug oder zu den dünneren Neoprenanzügen Longjohn (keine Ärmel und lange Beine), Shortie (die kurze Ausführung) oder Overall (alles lang) gegriffen, je nach Jahreszeit oder Segelrevier.

Den Trockenanzug nimmt man bei kaltem Wetter, weil er absolut wasser- und winddicht ist. Achtet darauf, dass der Anzug atmungsaktiv ist und ihr die richtigen Unterklamotten anzieht – Baumwolle ist beispielsweise unpassend, da sie Feuchtigkeit sammelt und nicht vom Körper wegleitet. Der Vorteil von atmungsaktiven Materialien ist, dass der Schweiß nach draußen transportiert wird, ohne dass die Kälte eindringen kann. Ihr schwitzt nicht? Doch, ganz bestimmt, auch wenn es noch so kalt ist, werdet ihr ins Schwitzen geraten. Zumindest dann, wenn ihr Fun haben

Der Trockenanzug wärmt auch noch bei eiskaltem Wasser. Empfehlenswert sind Overalls aus atmungsaktivem Material.

und nicht nur mit flatternden Segeln über den Teich dümpeln wollt.

Praktisch bei einem Trockenanzug ist außerdem, und das wird euren Eltern oder eurem »Sponsor« gefallen, dass er nicht wie angegossen passen muss, sondern ruhig eine Nummer zu groß sein kann. Nur die Manschetten, die engen Gummiabschlüsse an Hals, Armen und Beinen müssen wirklich dicht abschließen! Die gute Bot-

Fertig zum Gut-Wetter-Segeln – Kurzer Neoprenanzug (Shortie) mit Schwimmweste, Trapezgurt, Handschuhen und Neoprenstiefeln.

allerdings nicht zu empfehlen. Sie sollten dann eher einen dickeren Neoprenanzug (5 mm) mit einem Smock, einem wasserdichten Oberteil im Sweatshirtschnitt, kombinieren. Neoprenanzüge sind wesentlich wind-empfindlicher als Trockenanzüge und wärmen erst, wenn sie nass sind. Sie müssen auch wirklich passen und können nicht eine Nummer zu groß gekauft werden. Denn wenn euer Neoprenanzug nicht hauteng sitzt, dann nützt er gar nichts, und ihr könnt gleich mit Badesachen segeln gehen und euch wie eine Cola-Flasche im nassen Handtuch fühlen.

Übrigens gibt es zwei Arten von Neopren – einmal Glatthautneopren und daneben kaschiertes Neopren mit einer Stoffaußenschicht. Bei Glatthautneopren perlt das Wasser ab, es entsteht keine Verdunstungskälte und somit sind die glatten Anzüge wärmer. Kaschiertes Neopren ist zwar weicher und sieht gemütlicher aus, doch sammelt sich das Wasser, das ihr beim Segeln abbekommt, auf der äußeren Stoffschicht. Bei Verdunstung wird euch zusätzlich Wärme entzogen.

Wofür ihr euch letztendlich entscheidet, hängt stark von eurem Segelrevier und den dortigen Wetter- und Windverhältnissen ab. Nur eins ist auf alle Fälle klar – frieren muss man heute nicht mehr.

Neben den Anzügen ist außerdem die Schwimmweste ein absolutes Muss, und zwar eine ohne Kragen. Die ohnmachtsicheren mit Kragen kennt ihr zwar schon vom Optisegeln, sie schränken aber eure Bewegungsfreiheit an Bord zu sehr ein.

schaft: Die Manschetten können auf Maß zurechtgeschnitten werden.

Auf eins müsst ihr beim Trockenanzug aber auch noch achten: Ist er beschädigt (Loch, Riss), läuft er voll Wasser. Das kann bei einer Kenterung gefährlich werden. Also lieber schnell zum Flickzeug greifen.

Für diejenigen, die nichts Enges am Hals vertragen können und sich gleich »gewürgt« fühlen, ist ein Trockenanzug

Und nach einer Kenterung (die ja durchaus hin und wieder vorkommt) könnt ihr euch im Wasser nur noch wie bleierne Enten bewegen. Schnelles Hinschwimmen zum Cat geht ebenso schlecht, wie einfaches An-Bord-Klettern.

Auch eine teure Automatikweste ist fürs Catamaransegeln absolut ungeeignet. Bekanntlich wird man beim Catsegeln nass, und ihr könnt euch vorstellen, was dann mit der Weste passiert. Ihr steht im Trapez, und sie geht mit einem Riesenknall auf. Prima! Denn nicht nur ihr werdet nass, auch die Tablette der Automatik löst sich auf. Danach bläst sich die Weste auf, als ob ihr ins Wasser gefallen seid.

An den Füßen solltet ihr Neoprenschuhe oder -stiefel tragen – je nach Anzug und Wohlbefinden, wobei die Schuhe mit Klettverschluss meist leichter und schneller anzuziehen sind als die Stiefel, deren Reißverschlüsse oft haken.

An die Hände gehören Handschuhe. Sie schützen nicht nur vor Verletzungen; mit ihnen lassen sich die Schoten und Leinen besser greifen. Es gibt sie mit offenen und geschlossenen Fingerkuppen. Die offenen sind wesentlich praktischer, da man sie nicht extra ausziehen muss, um beispielsweise irgendwelche Knoten zu lösen oder zu stecken.

Zu guter Letzt fehlt noch die Trapezhose, mit der ihr euch an den Trapezhaken hängt. Sie sollte zwar auch passen, damit ihr nicht darin rumschlackert, aber da die vielen Gurte (Bein, Schulter, Oberschenkel, Bauch) einzeln verstellbar sind, könnt ihr beim Kauf alle Gurte eng ziehen und sie

Der Trapezgurt im Einsatz. Die Schwimmweste trägt man darüber.

mit den Jahren erst weiterstellen, schließlich werdet ihr ja noch wachsen. Dann habt ihr länger etwas von dem guten und teuren Stück. Trapezhosen kann man aber auch erst einmal ausleihen. Und überlegt euch, ob ihr die schweren Dinger wirklich mit euch rumschleppen wollt, wenn ihr zum Segeln in den Urlaub fliegt.

Handlicher und preisgünstiger ist dagegen das Messer mit Schäkelöffner, das man immer an Bord haben sollte.

Und falls ihr an Bord ein paar Sachen verstauen wollt, bindet ihr einen wasserdichten Sack, den es in guten Outdoorgeschäften gibt, auf dem Trampolin fest. Es kann ganz praktisch sein, ein trockenes Handtuch oder etwas zu essen dabeizuhaben, falls die Eisdiele, die man angepeilt hat, erst in einer Stunde öffnet.

4   Zu zweit ist man schon eine Crew

Catsegeln ist Teamsport. Anders als beim Opti seid ihr jetzt zu zweit an Bord – Steuermann und Vorschoter. Deshalb heißt es vor dem Ablegen: Wer macht was? Ihr legt fest, wer welche Position ein- und die dazugehörigen Aufgaben übernimmt. Denkt aber daran, dass ihr zwischendurch mal eure Plätze tauscht, damit ihr auf beiden Positionen gleich fit werdet.

Der Steuermann oder Rudergänger, hat die Pinne in der Hand, steuert den Cat, bedient die Großschot. Denkt daran, in brenzligen Situationen kann man an Bord nicht noch stundenlang diskutieren, denn bis ihr euch geeinigt habt, liegt ihr vielleicht schon längst im Bach. Und dass der Steuermann bestimmen sollte, liegt allein daran, dass er früher den Kurs bestimmte. Aber ihr wechselt ja sowieso die Positionen. Außerdem hat der Vorschoter noch genug andere Dinge zu tun. Denn sein Job bedeutet Aktion. Er »fährt« (bedient) die Fockschot bzw. beim Vorwindkurs den Spinnaker und steigt ins Trapez, was der Steuermann bei unserem Schulcat noch nicht muss. Dass beide im Trapez stehen (Doppeltrapez) können, findet ihr erst bei den größeren Catamaranen. Noch ein Tipp:

Zwei Segler, zwei Rümpfe – doppelter Spaß und das Lernen fällt leichter.

Zum Üben bei Leichtwind – die andere Art des Doppeltrapezes.

Beim Regattasegeln übernimmt der Vorschoter an der Kreuz oft auch noch die Großschot.

Denkt immer daran: Es bringt euch wesentlich mehr, wenn ihr die Positionen so oft wie möglich wechselt. Nur so fühlt ihr euch später fit für beide Aufgaben. Und ihr könnt leichter verstehen, was Steuerfrau/mann oder Vorschoter/in, wann und warum machen. Logisch, oder?

Wenn ihr dieses Rotationsprinzip, das Wechseln der Aufgaben, einhaltet, fällt es euch im Urlaub oder im Club auch leichter, mit anderen zu segeln und auch dann schnell ein eingespieltes Team zu bilden.

Und noch etwas: Wer will nicht irgendwann mal alleine mit dem Cat raus, alleine über das Wasser fetzen. Eigentlich klar, dass man auch dafür auf allen Positionen gleich fit sein muss.

Auf geht´s, noch sitzen beide.

5 Ab in's Wasser

Seht euch den Cat an! Ein großes, stabiles Floß, mit einer Trampolinfläche, so breit wie ein Doppelbett, wartet auf euch! Dieses Segelboot kippt nicht so schnell um, wie einige unter euch meinen könnten. Probiert es einfach mal aus. Bei Windstille oder ganz schwachem Wind kann es schon mit gesetzten Segeln losgehen. Besonders geeignet ist seichtes Wasser zum Üben und Spielen mit dem Cat. Weht der Wind zu heftig, nehmt nur die Fock oder lasst die Segel noch an Land. Ach ja: Der Begriff Trampolin hat nichts mit »Trampelpolin« zu tun, also stellt euch möglichst nicht hinein oder hüpft herum.

Bei Flaute gibt es auch Spaß und was zum Lernen. Mit vereinten Paddelschlägen kommt ihr schnell in Fahrt. Versucht, so schnell wie möglich zu werden. Der angehende Steuermann/frau spürt, wie schnell und wendig der Cat auf Ruderausschläge reagiert. Jeder kommt mal an die Pinne. Merkt euch: »Je schneller euer Catamaran wird, desto empfindlicher reagiert er.«

Wasserschlacht zu viert. Im Trapez wird man so richtig nass.

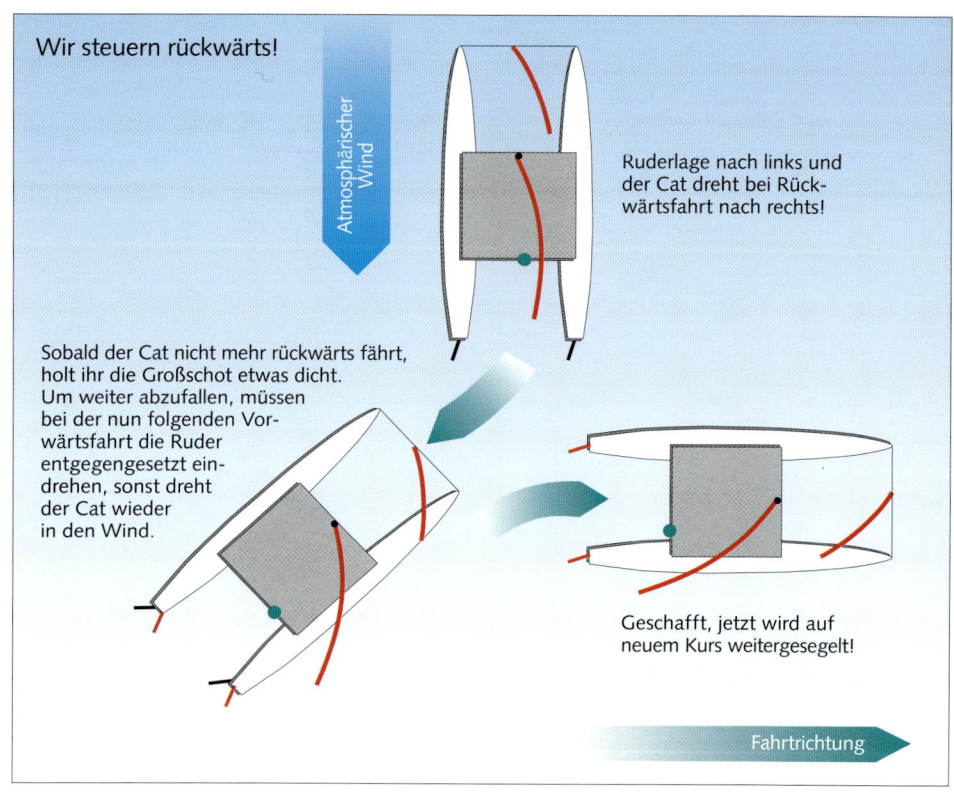

Wir steuern rückwärts!

Atmosphärischer Wind

Ruderlage nach links und der Cat dreht bei Rückwärtsfahrt nach rechts!

Sobald der Cat nicht mehr rückwärts fährt, holt ihr die Großschot etwas dicht. Um weiter abzufallen, müssen bei der nun folgenden Vorwärtsfahrt die Ruder entgegengesetzt eindrehen, sonst dreht der Cat wieder in den Wind.

Geschafft, jetzt wird auf neuem Kurs weitergesegelt!

Fahrtrichtung

Na, wie wär's mal mit »voller Kraft rückwärts«? Auch so ist der Cat gut zu steuern. Ihr benötigt diese Übung, damit ihr später in der Wende »etwas nachhelfen« könnt, wenn euer Boot rückwärts treiben sollte. Aber Achtung! Nicht weiter als 40 Grad Ruderlage, das reicht!

Durch einfaches Hin- und Herdrehen der Ruderblätter (Wriggen) kommt ihr übrigens auch vorwärts.

Jetzt habt ihr vielleicht noch nicht darauf geachtet, wo ihr auf dem Rumpf sitzt. Eure Sitzposition bestimmt die Lage des Catamarans im Wasser (Gewichtstrimm) und ist wichtig für die Leichtfüßigkeit eures Bootes. Warum? Wenn ihr zu weit hinten sitzt, tauchen die Hecks zu tief ein, und die Heckflächen wirken wie zwei Bremsen. Es gurgelt und plätschert laut. Setzt euch so auf den Cat, dass ihr die Hecks »trocknen« könntet. Aber aufgepasst! Die Rumpfspitzen dürfen natürlich nicht zu U-Booten werden.

Ihr werdet staunen, wie viele Personen sich auf eine Seite begeben müssen, damit der Cat seitlich umkippt. Also vier Kinder zu je 50 kg sorgen zwar für ein wenig Schräglage, aber zum Kentern ist das zu wenig. Es

sei denn, ihr turnt alle gleichzeitig auf nur einem Heck oder einer Bugspitze rum. Dann taucht der Cat diagonal. Das ist die Schwachstelle der Balance.

Habt ihr schon mal einen Cat absichtlich gekentert? Jetzt könnt ihr es ausprobieren. Zuvor bittet aber einen Segeltrainer oder einen erfahrenen Erwachsenen, auf euch zu achten. Er könnte euch auch beim Aufrichten helfen. Einige unter euch haben vielleicht schon einmal gesehen, wie das Aufrichten funktioniert. Jetzt aber sollt ihr es einfach ausprobieren.

Alle wollen hoch hinaus. Irgendwie kriegt man auf einem Cat alle unter.

Von Hand ist der Cat schnell zu kentern. Legt euch die Aufrichtleine bereit und fangt damit das Boot sanft ab, bevor der Mast auf das Wasser schlägt.

23

Angst braucht ihr nicht zu haben, wenn der Cat kentert. Auch mit gesetzten Segeln legt sich die Segelfläche nicht direkt auf die Wasseroberfläche. Da bleibt noch genug Zeit zum Wegschwimmen.

Nach dem Aufrichten werdet ihr euch zunächst unter dem Trampolin wiederfinden. Sicher ist dieser Ort, weil so die Rümpfe nicht auf euch fallen können.

Wer sich traut, sollte mal unter den Rümpfen hindurch tauchen. Das Schwimmen unter dem Trampolin ist für euch sehr wichtig. Gewöhnt euch daran!

Jetzt habt ihr bestimmt Lust, die Segel bei etwas mehr Wind auszuprobieren. Aber langsam, noch nicht die volle Motorleistung. Setzt erstmal die Fock.

Die Paddel sind natürlich immer an Bord. Diese Übung könnt ihr auch schon bei drei Windstärken segeln. Lasst euch auch jetzt von einem Erwachsenen beaufsichtigen.

Nur mit der Fock gesegelt, funktioniert am besten die Halse. Ihr könnt aber auch probieren, leicht in Richtung Wind zu steuern.

Wie sitzen und bewegen wir uns auf dem Trampolin?

Eine wichtige Vorübung für das spätere Lossegeln ist das Ausprobieren der richtigen Sitzposition und das Bewegen über das Trampolin. Stellt den Cat jetzt wieder an Land, zunächst ohne Segel und mit dem Bug in den Wind.

Ungewohnt ist diese große, geschlossene Fläche des Trampolins besonders für den Jolle-Segler. Soll ich sitzen oder liegen? Wohin denn nun mit den Beinen? Laufen auf dem Trampolin geht auch nicht! Also wie? Ganz einfach: Die Sitzhaltung ist für Vorschoterin und Steuerfrau fast gleich.

So sitzen beide Segelpartner richtig auf dem Rumpf. Die Vorschoterin beugt ein Knie in Fahrtrichtung, die Steuerfrau achteraus, das zweite Bein bleibt gestreckt.

Da der Vorschoter nach vorne den Blick frei haben sollte und er außerdem die Fock bedient, beugt er das vordere Knie in Fahrtrichtung. Der Steuermann/frau muss während der Manöver hauptsächlich nach hinten heraus die Schoten und die Pinne bedienen. Deshalb hat er in Bereitschaft das hintere Bein angewinkelt. Dabei sitzen beide auf dem Rumpf. Somit besteht nicht die Gefahr, dass ihr bei zunehmender Schräglage des Cat vom Trampolin nach Lee rutscht.

Um nun während der Manöver schnell und möglichst unverknotet auf die andere Seite des Cat zu gelangen, hat sich der Knieschritt bewährt. Stellt euch vor, eure Knie wären die Füße. Die Fußsohlen zeigen nach oben, und euer Po ist der höchste

Mit dem Knieschritt seid ihr auf dem Trampolin sehr beweglich und schnell. Hilfreich sind im jedem Fall Knieschoner. Gut, wenn sich kein Sand auf dem Trampolin befindet.

Punkt (besser, er wird vom Großbaum getroffen als euer Kopf). Nur durch das Aufsetzen der Knie seid ihr sehr beweglich an Bord. Zu empfehlen sind allerdings Knieschoner, weil Sand auf dem Trampolin sonst für eure Knie und den Segelanzug eine Qual ist.

Am einfachsten hat es der Steuermann/frau. Er bewegt sich entlang des Achterholmes bei jedem Manöver auf die neue Segelseite. Der Vorschoter hat einiges mehr zu berücksichtigen:

25

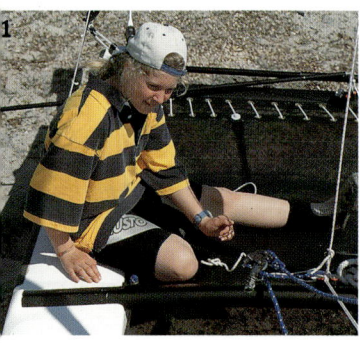

Positionswechsel des Vorschoters
Die Vorschoterin schaut nach vorne. Das Knie zeigt in Fahrtrichtung.

Mit der Hand drückt ihr euch ab. Der Kopf wird abgesenkt und mit einem weiten Knieschritt taucht ihr unter dem Großsegel hindurch.

Falls ein Schritt nicht ausreicht, müsst ihr einen weiteren kleinen Knieschritt hinterhersetzen.

Positionswechsel des Steuermanns
Als Steuerfrau ist das hintere Knie gebeugt. Die Schoten werden griffbereit gehalten.

Der Blick ist nach hinten gerichtet. Beginne den Schwung mit dem Abdrücken der hinteren Hand.

Weit soll der Knieschritt sein. Vielleicht schaffst du es, mit einem Zug auf die andere Seite zu wechseln.

Nachdem du nun die Schoten bedient hast, setze dich auf die neue Segelseite.

Die Hand fängt dein Körpergewicht etwas ab.

Jetzt hast du deine neue Sitzposition erreicht. Das hintere Knie ist nach achtern gebeugt.

Setzt euch auf die neue Segelseite und fangt dann euer Körpergewicht mit der Hand etwas ab.

Jetzt zeigt das vordere Knie wieder in Fahrtrichtung. Wenn während des Überwechselns eure Fußsohlen das Trampolin nicht berührt haben, dann war euer Bewegungablauf richtig.

Jetzt müsst ihr den Kopf herunternehmen und unter dem Großsegel hindurchtauchen.

Nun rasch den Pinnenausleger greifen und du hast deinen Cat unter Kontrolle.

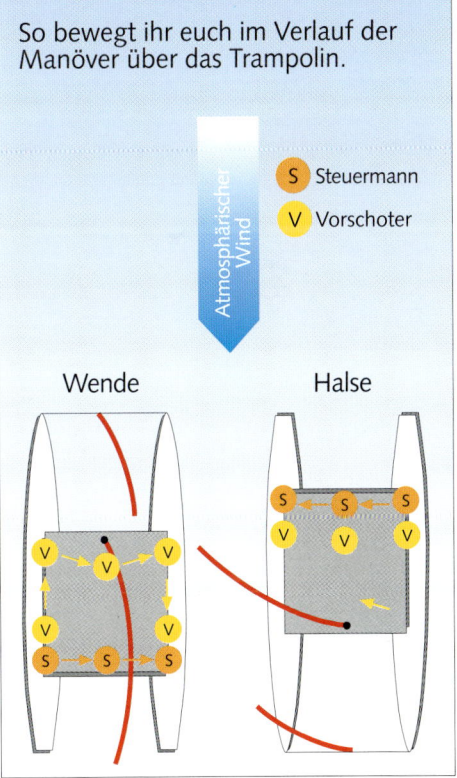

So bewegt ihr euch im Verlauf der Manöver über das Trampolin.

Atmosphärischer Wind

S Steuermann

V Vorschoter

Wende

Halse

6   Los geht's

Was ist Segeln?

Gemeinsames Segeln ist doppelter Spaß. Ihr wollt schnell sein? Kein Problem, probiert euren Cat aus. Ihr werdet spüren, unter welchen Bedingungen das Boot gut läuft. Das Feeling kommt von ganz alleine. Viele Ideen und Segelpraxis bringen euch voran.

Diejenigen unter euch, die mit den Grundzusammenhängen des Segelns noch nicht vertraut sind, sollten sich nicht von dem bisschen Theorie abschrecken lassen. Es hilft euch nachher beim Segeln sehr, wenn ihr über das Warum Bescheid wisst.

Wir möchten euch zuerst die wichtigen Zusammenhänge zwischen **Windrichtung**, **Fahrtrichtung** und **Segelstellung** erklären.

Das ist Segeln

- Wir bestimmen unser Fahrtziel und die Fahrtrichtung selbst!
- Es gibt eine Windrichtung, die wir erkennen müssen!
- Jetzt müssen wir nur zur Windrichtung noch die richtige Segelstellung finden!

Die Windrichtung gibt uns an, aus welcher Himmelsrichtung der Wind weht. Wenn wir wissen, woher der Wind kommt, können wir unseren Cat sowohl an Land als auch auf dem Wasser leicht in die Im-Wind-Position, also »in den Wind« drehen. Als Anzeige für die Windrichtung bieten sich an: Fahnen, Rauch, Bäume oder auch Sand, den ihr auf den Boden rieseln lasst. Ein gutes Gefühl für die Windrichtung erhaltet ihr, wenn ihr die Nasenspitze genau in den Wind haltet. Dann soll das Windgeräusch an beiden Ohren gleich stark sein.

Natürlich hat der Wind auch eine Kraft, mit welcher er auf unser Segel einwirkt. Diese Kraft ist bestimmt durch die Strömungsgeschwindigkeit des Windes.

Besonders beim Starten und Anlanden ist es wichtig zu wissen, wie der Wind zum Strand oder Ufer weht. Weht er auflandig, direkt auf das Ufer zu, ablandig vom Ufer weg oder entlang der Ufer- oder Strandlinie?

All das, was wir bisher zum Wind und seinen Eigenschaften gesagt haben, bezieht sich auf den atmosphärischen Wind, also den Wind, den wir spüren, wenn wir uns selbst nicht vom Fleck bewegen oder mit unserem Cat keine Fahrt machen. Sobald wir aber mit dem Cat lossegeln, spüren wir eine Veränderung: Durch die Eigenschwindigkeit und Richtung, in der wir segeln, wird der atmosphärische Wind zum relativen Wind. Dieser ist immer eine

Die Beschreibung der Windrichtungen

Wir können die Windrichtung auf unterschiedliche Weise beschreiben:
Mithilfe der **Himmelsrichtungen**, aus der er weht, gibt es
Nordwind
Nordwestwind — Nordostwind
Westwind — Ostwind
Dein Standort
Südwestwind — Südostwind
Südwind

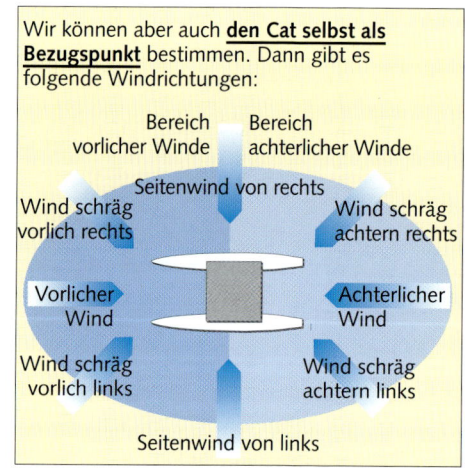

Wir können aber auch **den Cat selbst als Bezugspunkt** bestimmen. Dann gibt es folgende Windrichtungen:

Bereich vorlicher Winde — Bereich achterlicher Winde
Seitenwind von rechts
Wind schräg vorlich rechts — Wind schräg achtern rechts
Vorlicher Wind — Achterlicher Wind
Wind schräg vorlich links — Wind schräg achtern links
Seitenwind von links

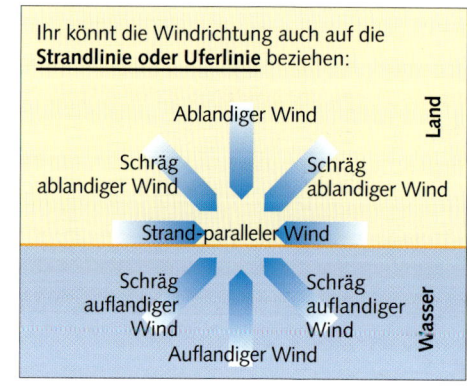

Ihr könnt die Windrichtung auch auf die **Strandlinie oder Uferlinie** beziehen:

Ablandiger Wind — Land
Schräg ablandiger Wind — Schräg ablandiger Wind
Strand-paralleler Wind
Schräg auflandiger Wind — Schräg auflandiger Wind — Wasser
Auflandiger Wind

Windstärke Beaufort	Landmerkmale	Wassermerkmale	km/h
0	Die Blätter an Bäumen bewegen sich nicht.	Spiegelglattes Wasser	bis 1
1	Leichtes Wiegen der Blätter	Kleine kräuselige Wellen bilden sich.	1 – 5
2	Kleinere Äste bewegen sich.	Kleine Wellen bis zu 20 cm Höhe werden sichtbar, aber keine Schaumkronen.	6 – 11
3	Die gesamte Baumkrone schwingt mit dem Wind.	Kleine Schaumkronen bilden sich vereinzelt	12 – 19
4	Der Hauptstamm bei kleineren Bäumen wiegt sich.	Lange und kleine Wellen bilden fast überall Schaumkronen	20 – 26
5	Kleinere Äste brechen.	Etwas Gischt kann sich zeigen.	27 – 38
6	Der gesamte Baum neigt sich mit dem Wind.	Wellenkämme brechen sich und hinterlassen Schaumstreifen.	39 – 49
7	Größere Äste brechen. Es pfeift laut durch das Geäst.	Der Wellenschaum ordnet sich zu Schaumstreifen in Windrichtung	50 – 61
8	Gefahr des Entwurzelns	Gischt weht an den Wellenkämmen aus.	62 – 74
9	Ganze Baumkronen brechen, Bäume werden umgeblasen.	Die Sicht ist durch Gischt behindert. Hohe Wellen bilden sich aus.	75 – 88
10	Auch standfeste Bäume sind gefährdet. Gesundes Laub wird losgeweht.	Die See ist weiß vor Schaum und Gischt. Wellenkämme brechen.	89 – 102
11	Ganze Waldgebiete können niedergeweht werden.	Sehr hohe Wellenberge, kaum noch Sicht.	103 – 117
12	Ältere, große und gesunde Bäume werden stark verwüstet	Schaum und Gischt füllen die Luft. Das Meer scheint zu kochen. Gewaltige Wellenberge	über 118

In welchen Situationen wenden wir denn nun die verschiedenen Möglichkeiten der Windrichtungsbestimmung an? Bereiten wir das Ablegen oder Anlegen vor, beschreiben wir die Windrichtung mithilfe der Strandlinie.

Während des Segelns ist die Windrichtung für uns bedeutsam, aus welcher der spürbare Wind auf unseren Cat trifft. Für das Abschätzen von Wetterveränderungen oder auch für die allgemeine Revierübersicht dienen die Himmelsrichtungen, aus welchen der Wind weht.

Kombination aus atmosphärischem Wind und Fahrtwind. Wir merken uns: Auf einem Cat in Fahrt nehmen wir immer den relativen Wind wahr und müssen unsere Segelstellung darauf abstimmen. Eine Besonderheit: Wenn Windstille herrscht, kann es nur den Fahrtwind geben (z.B. im Schlepp eines Motorbootes).

Ihr könnt die unterschiedlichen Winde und deren Veränderung einfach an Land mit dem Fahrrad ausprobieren.

Fahrtwind aufheben, wenn du in gleicher Richtung und mit gleicher Geschwindigkeit des atmosphärischen Windes fährst. Du spürst dann keinen relativen Wind und es herrscht scheinbare Windstille.

Aber Achtung: Wenn du plötzlich wieder gegen den Wind steuerst, dann frischt es heftig auf, ohne dass der atmosphärische Wind zugenommen hat.

Zuvor nahmen wir an, dass der atmosphärische Wind entweder direkt von vorne oder von hinten wehte. Dadurch vergrößerte oder verkleinerte sich die Geschwindigkeit des relativen Windes. Aber auch seine Richtung kann sich ändern, wenn der atmosphärische Wind seitlich zuströmt.

Der Unterschied zwischen atmosphärischem und relativem Wind ist auf Catamaranen ganz besonders ausgeprägt, weil dieser Bootstyp sehr schnell sein kann und damit viel Fahrtwind mitwirkt.

Stell dir vor, du stehst mit deinem Fahrrad auf einem großen Parkplatz und du möchtest einen großen Kreis abfahren. Du startest deine Tour genau gegen den atmosphärischen Wind, der mit 15 km/h weht. Du selbst fährst mit dem Rad 20 km/h. Du spürst während des Fahrens folglich atmosphärischen Wind plus Fahrtwind. Die beiden addieren sich und werden so zu 35 km/h.

Sehr deutlich wird das Zusammenwirken von atmosphärischem Wind und Fahrtwind, wenn du mit dem Wind »im Rücken« (Vor-Wind-Kurs) fährst. Jetzt können sich atmosphärischer Wind und

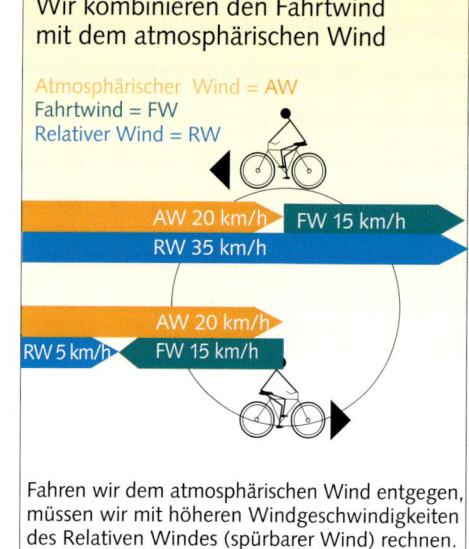

Wir kombinieren den Fahrtwind mit dem atmosphärischen Wind

Atmosphärischer Wind = AW
Fahrtwind = FW
Relativer Wind = RW

AW 20 km/h   FW 15 km/h
RW 35 km/h

AW 20 km/h
RW 5 km/h   FW 15 km/h

Fahren wir dem atmosphärischen Wind entgegen, müssen wir mit höheren Windgeschwindigkeiten des Relativen Windes (spürbarer Wind) rechnen. Fahren wir mit dem atmosphärischen Wind mit, wird der relative Wind schwächer sein.

Der relative Wind ändert seine Richtung

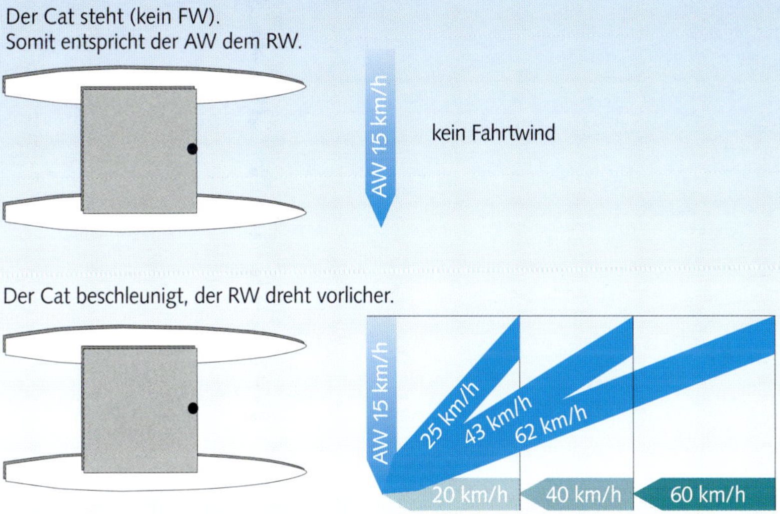

Der Cat steht (kein FW).
Somit entspricht der AW dem RW.

AW 15 km/h

kein Fahrtwind

Der Cat beschleunigt, der RW dreht vorlicher.

AW 15 km/h

25 km/h
43 km/h
62 km/h

20 km/h   40 km/h   60 km/h

Merke: Wirst du schneller, dann dreht der relative Wind vorlicher und wird stärker!
Nimmt deine Fahrt ab, dann dreht der relative Wind raumer!

Eine Besonderheit, die du beachten solltest: Beschleunigst du mit dem Cat in einem großen
Bogen nach Lee, also mit dem Wind mit, dann kannst du die gleiche Geschwindigkeit und
Richtung wie der atmosphärische Wind auf dem Vor-Wind-Kurs erreichen. Du spürst dann fast
Windstille, obwohl dein Cat schnell segelt. Diesen Effekt wirst du bei der Halsetechnik ausnutzen können.

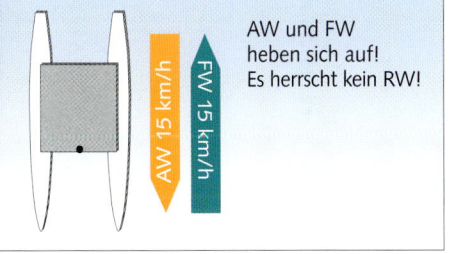

AW und FW
heben sich auf!
Es herrscht kein RW!

AW 15 km/h   FW 15 km/h

Hier siehst du, dass die Richtung, aus welcher der für dich spürbare, relative Wind kommt, nicht mehr mit der Richtung des atmosphärischen Windes übereinstimmt.

Je schneller du wirst, desto weiter dreht dir der relative Wind entgegen (der relative Wind dreht vorlicher). Wirst du nun langsamer, überwiegt wieder der Einfluss des atmosphärischen Windes, und er dreht von der Fahrtrichtung weg (der relative Wind raumt).

Besonders auf Catamaranen können sich Kraft und Richtung des relativen Windes heftig verändern, ohne dass sich der atmosphärische Wind geändert hat.
Merke dir deshalb: Sobald dein Cat Fahrt

aufgenommen hat, sind für dich ausschließlich Richtung und Kraft des relativen Windes wichtig für die Einstellung deiner Segel.

Jetzt kommen wir zum dritten Pfeiler, auf den sich das Grundprinzip des Segelns stützt:

Die richtige Stellung der Segel

Jedes Segel muss vom Wind in besonderer Weise angeströmt werden, damit es Vortrieb erzeugt.

Es darf nicht zu sehr von vorne und auch nicht zu sehr von der Seite angeblasen sein. Man kann die richtige Strömung im Segel sehen. In der Fock und im Großsegel sind auf jeder Seite kleine Wollfäden angebracht. Man nennt sie Strömungsfäden. Zeigt der Luvfaden (Segelvorderseite) nach oben, führt ihr das Segel zu offen. Weht der Leefaden (Segelrückseite) nach unten, ist das Segel zu dicht. Am besten wird das Segel angeströmt, wenn beide Fäden waagerecht nach hinten zeigen. Schafft ihr das nicht so genau, dann sollte wenigstens der Leefaden optimal eingestellt sein.

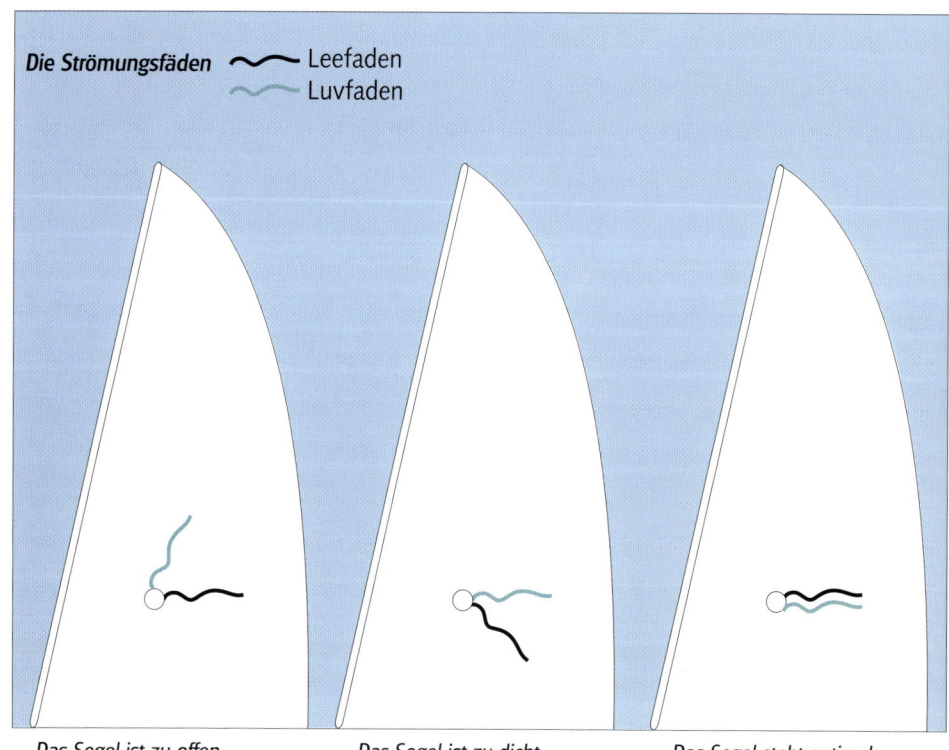

Die Strömungsfäden ~~~ Leefaden
~~~ Luvfaden

Das Segel ist zu offen   *Das Segel ist zu dicht*   *Das Segel steht optimal*

Da ihr Fahrtrichtung und auch Geschwindigkeit ändert, ist dieses Einstellen des Segels die wichtigste Aufgabe der Crew an Bord, denn wer möchte schon in voller Fahrt den Motor abschalten.

Für euren ersten Törn waren diese Hinweise und Erinnerungen wichtig. Ihr sollt ja auch mit dem Kopf segeln!

So ist das Segel zu offen!

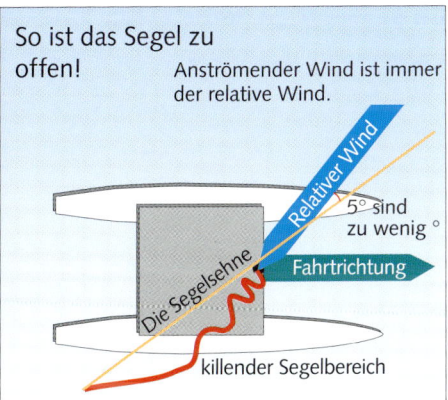

Anströmender Wind ist immer der relative Wind.

Ist das Segel zu offen geführt, kann sich keine Strömung hinter das Segel legen. Man sagt, es killt und erzeugt keinen Vortrieb.

So ist das Segel zu dicht!

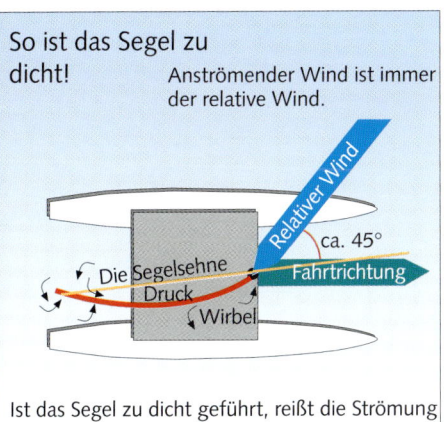

Anströmender Wind ist immer der relative Wind.

Ist das Segel zu dicht geführt, reißt die Strömung hinter dem Segel ab und verwirbelt. Auf der Luvseite des Segels entsteht zu viel Druckkraft.

So wird das Cat-Segel richtig angeströmt

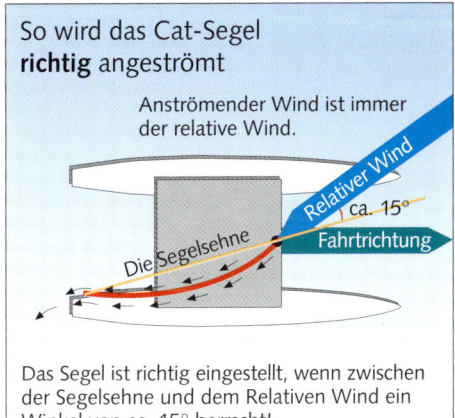

Anströmender Wind ist immer der relative Wind.

Das Segel ist richtig eingestellt, wenn zwischen der Segelsehne und dem Relativen Wind ein Winkel von ca. 15° herrscht!

Vom Start zur Fahrt

Sicherlich kribbelt es euch schon in den Händen. Es soll jetzt losgehen. Vorweg solltet ihr euch jedoch einige Gedanken zum Start machen. Wie heftig weht der Wind? Weht er vom Land weg (ablandig) oder zum Strand hin (auflandig)? Starte ich vom Steg weg oder lege ich vom Sandstrand ab?

Als Anfänger benötigt ihr auch etwas mehr Platz zum Üben als die Könner. Wenn euch die Startbedingungen noch nicht ganz klar sein sollten, dann holt euch zusätzlichen Rat bei erfahrenen Seglern. Noch sicherer ist es, ihr lasst euch beim ersten Mal begleiten.

Hier unser Tipp, damit nichts schief geht: Wählt einen Tag mit 1 bis 2 Windstärken, das Wasser kräuselt sich leicht, kein Unwetter in Sicht. Informiert einen anderen Segler, der euch beobachtet, über eure Absicht. Zu zweit solltet ihr schon sein. Am besten weht der Wind schräg zum Ufer hin.

Die beste Startsituation am Strand

Der Cat ist genau in Windrichtung ausgerichtet

Der Vorschoter sichert den Cat an der Spitze des Luvrumpfes. Er begibt sich nach dem Steuermann an Bord.

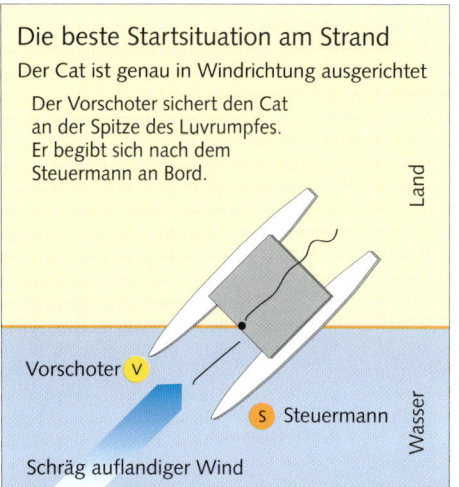

Land

Wasser

Vorschoter V

S Steuermann

Schräg auflandiger Wind

Das Ausrichten des Catamarans beim Ablegen

Ihr könnt den Cat beim Ablegen schon auf Am-Wind-Position ausrichten. Dann gelingt das Anfahren sehr leicht.

Land

Wasser

Steuermann S

Vorschoter V

Schräg auflandiger Wind

Alles in Ordnung?

Habt ihr an den Sicherheitscheck gedacht? Überprüft vor jedem Start die nachfolgenden Punkte der Checkliste. Auch wenn ihr schon fortgeschrittene Cat-Segler seid, gehört dieser Check immer dazu!

★ Ablassschrauben geschlossen?
★ Alle Sicherungsringe überprüft?
★ Rudernocken in der richtigen Stellung?
★ Paddel (2 Stück) dabei und verzurrt?
★ Alle Schäkel festgezogen?
★ Vorliekstrecker bereit?
★ Segellatten fest eingespannt?
★ Keine Beschädigung der Rümpfe?
★ Aufrichtleine klar?
★ Schwimmweste angelegt?

Falls du dir dies nicht alles merken kannst, schreibe dir eine Checkliste (in Plastikfolie einschweißen).

Ein kritischer Blick auf alles, was fehlen könnte oder nicht richtig eingestellt ist, vermeidet nachher Pannen beim Segeln.

Bevor ihr nun den Cat zu Wasser bringt, sollten alle Schoten gefiert sein. Wichtig ist, dass der Travellerschlitten frei rutschen kann und nicht durch die Pinne (sie ruht achteraus auf der Ruderanlage) blockiert wird. Bringt euer Boot gegen den Wind ins Wasser. Da der Cat recht breit ist, braucht er nicht unbedingt direkt zum Wind zu zeigen. Das Großsegel richtet sich so aus, dass es im Wind steht.

Die Fotoreihe zeigt euch Schritt für Schritt das Starten.
Lest gleichzeitig die Beschreibung!

1 Hier weht der Wind auflandig. Zu zweit zieht ihr den Cat ins Wasser. Die Fock ist noch eingerollt. Bis unmittelbar zum Wasser könnt ihr den Cat auch mit einem Slipwagen rollen.

2 Während der Vorschoter den Cat festhält, benetzt der Steuermann den Cat mit Wasser und spült den Sand herunter.

3 Jetzt hält der Vorschoter den Cat am Bug des Luvrumpfes. Der Steuermann klettert an Bord.

4 An Deck wird das Vorliek straff durchgesetzt, und die Schoten werden klar gelegt.

5 Die Ruderblätter tauchen ins Wasser. Die Fock wird ausgerollt und dicht genommen. Dadurch dreht der Cat schon etwas nach Lee.

6 Der Vorschoter drückt den Bug nach Lee und bringt den Cat auf eine Am-Wind-Position.

7 Etwas Ruderlage nach Lee unterstützt die Drehung. Beobachte deinen Vorschoter. Nimm erst Fahrt auf, wenn er an Bord ist, sonst segelst du alleine los.

8 Falle weiter ab, nachdem dein Mitsegler die Fockschot übernommen hat. Achte auf den hohen Ruderdruck, denn die Ruderblätter sind noch nicht abgesenkt.

9 Sobald die Wassertiefe ausreicht, haltet kurz in der Nahezuaufschießer-Position an, um die Ruderblätter abzusenken.

In unserem vorangegangenen Fotobeispiel weht der Wind auflandig. Auch wenn der Wind schräg auflandig weht, kommt ihr mit dieser Technik gut vom Strand weg. Aber was tun wir, wenn der Wind ablandig weht? Kein Problem: Ihr lasst euch rückwärts treiben (vgl. Foto). Das Rückwärtstreiben mit dem Cat ist einfach.

Sobald ihr eine ausreichende Entfernung vom Strand erreicht habt, dreht ihr mit Hilfe der Fock auf eine Am-Wind-Ausrichtung und senkt die Ruderblätter ab. Üben könnt ihr das Absenken der Ruderanlage zuvor an Land, indem ihr den Cat heckseitig auf den Slipwagen stellt.

So richtig Fahrt nimmt der Cat jetzt auf,

So geht´s, wenn der Wind ablandig weht. Der Cat treibt mit dem Wind geradlinig, wenn die Ruderblätter austauchen und die Segel gefiert sind.

Steuern könnt ihr mit der Fock. Haltet ihr sie links back, dreht der Cat nach links. Probiert es aus. Ihr solltet euch schon etwas weiter heraustreiben lassen, sonst seid ihr beim Anfahren wieder direkt am Ufer.

40

wenn ihr die Fock dicht holt und Ruderlage nach Lee gebt.

Setzt die Travellerposition nicht zu mittig. Dann geht ihr sicher, den Cat nicht unkontrolliert auf eine Kufe steigen zu lassen. Durch Dichtholen der Großschot könnt ihr »Gas geben«. Langsamer werdet ihr, wenn das Großsegel geöffnet wird. Um den Unterschied zwischen den Segelstellungen richtig zu spüren, müsst ihr beim Üben unbedingt euren Kurs beibehalten. Der Vorschoter achtet darauf, dass einerseits durch das Dichtholen der Fock die Fahrtaufnahme unterstützt wird und andererseits die Fock richtig eingestellt ist (Strömungsfädchen wehen waagerecht).

Achtung: Schon allein durch das Drehen des Catamarans nach Lee werdet ihr schneller. Dabei nimmt natürlich auch die Kraft zu, die den Cat zur Seite drückt (Querkraft), und vielleicht hebt sich schon ein Rumpf. Auch kann beim Drehen nach Lee (Abfallen) der Leeschwimmer etwas eintauchen (Unterschneiden). Dann solltet ihr sofort die Schoten lose geben und zum Wind hin drehen (Anluven).

Merke:
»Dreht der Cat vom Wind, bring den Traveller nach Lee geschwind!
Dreht der Cat dem Wind entgegen, musst du Groß und Traveller zur Mitte legen!«

Noch einige Tipps für die weitere Fahrt: Bleibt zunächst auf Amwind-Kurs. Nicht zu weit abfallen, dann werdet ihr zu schnell. Wir wollen die Segelkraft zunächst leicht dosiert einsetzen. Dies ist am besten auf Am-Wind-Kurs möglich.

Die Abstimmung von Großschot und Traveller wird jetzt ganz wichtig! Setzt die Tra-

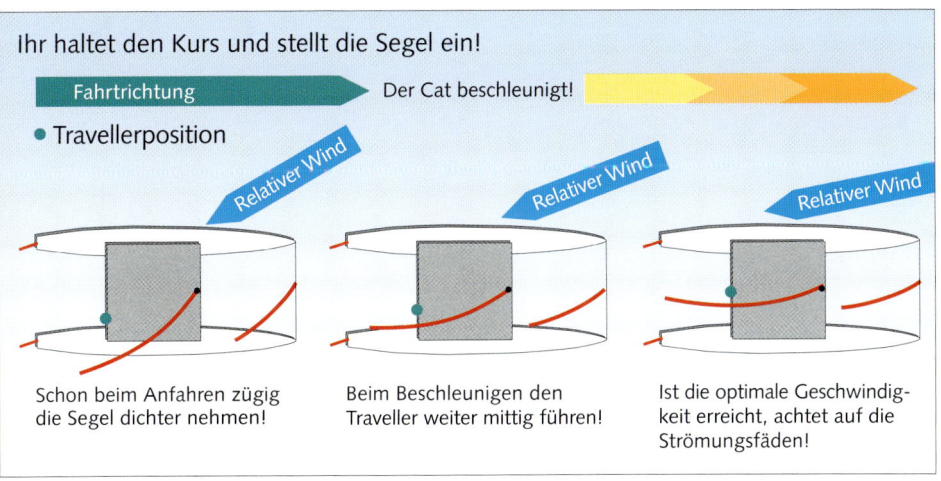

Ihr haltet den Kurs und stellt die Segel ein!

Fahrtrichtung — Der Cat beschleunigt!

● Travellerposition

Relativer Wind — Relativer Wind — Relativer Wind

Schon beim Anfahren zügig die Segel dichter nehmen!

Beim Beschleunigen den Traveller weiter mittig führen!

Ist die optimale Geschwindigkeit erreicht, achtet auf die Strömungsfäden!

41

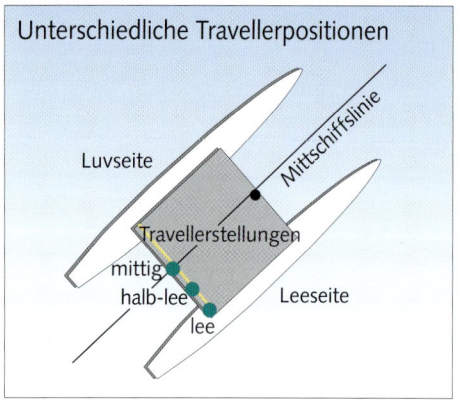

Unterschiedliche Travellerpositionen

Luvseite

Mittschiffslinie

Travellerstellungen

mittig
halb-lee
lee

Leeseite

Falls ihr in flachem Wasser startet, kann es vorkommen, dass ihr die Ruderblätter nicht sofort absenken könnt. In dieser Stellung benötigt ihr sehr viel Kraft, um den Cat zu steuern. Um nun die Ruderblätter senkrecht einrasten zu können, müsst ihr in ausreichend tiefem Wasser auf die Nahezu-Aufschießer-Position drehen, die Segel fieren und warten bis der Cat steht.

vellerposition auf Halb-Lee, also zwischen Mitschiffslinie und äußerem Anschlag. Nehmt dann die Großschot vorsichtig dichter. Jetzt sind wir schon richtig schnell!

Achtung: Je schneller der Cat segelt, desto sensibler müsst ihr mit dem Ruderausschlag arbeiten. Schon kleine Ausschläge bewirken große Richtungsänderungen.

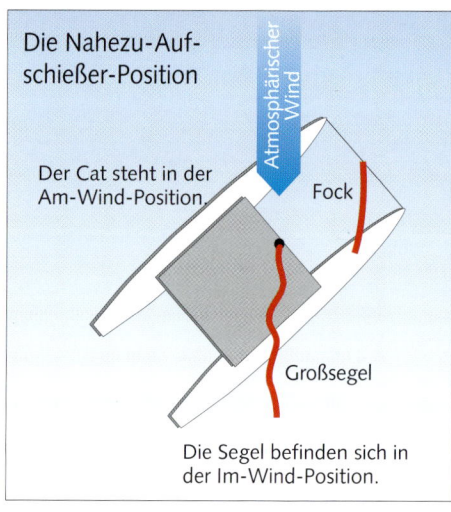

Die Nahezu-Aufschießer-Position

Atmosphärischer Wind

Der Cat steht in der Am-Wind-Position.

Fock

Großsegel

Die Segel befinden sich in der Im-Wind-Position.

Die Stellungen der Ruderblätter

Aufgefiertes Ruderblatt.
›Parkposition am Strand‹

Cat-Rumpf

Abgesenktes Ruderblatt.
Du spürst keinen Steuerdruck.

Halb abgesenktes Ruderblatt.
Du spürst hohen Steuerdruck, und der Cat möchte in den Wind drehen. Vorsicht!

Euer nächstes Ziel ist es, die Geschwindigkeit mit Hilfe von Richtungsänderungen und dem Dichtholen und Fieren der Segel zu kontrollieren. Also »ihr segelt den Cat« und nicht »der Cat segelt mit euch«.

Bei Kursänderungen müsst ihr auch mit einer anderen Richtung des relativen Windes rechnen. Das geschickte Nachführen und Nachstellen der Segel erfordert zwar einige Übung und Erfahrung, aber der

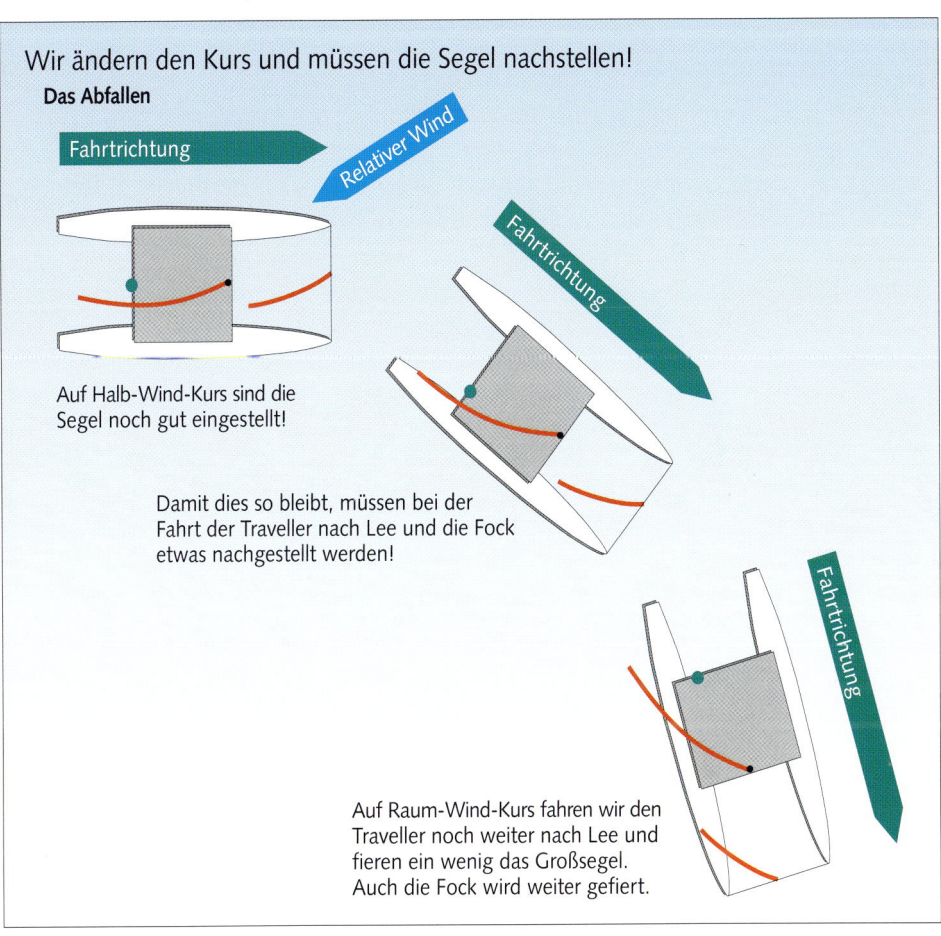

Wir ändern den Kurs und müssen die Segel nachstellen!

Das Abfallen

Fahrtrichtung

Relativer Wind

Fahrtrichtung

Auf Halb-Wind-Kurs sind die Segel noch gut eingestellt!

Damit dies so bleibt, müssen bei der Fahrt der Traveller nach Lee und die Fock etwas nachgestellt werden!

Fahrtrichtung

Auf Raum-Wind-Kurs fahren wir den Traveller noch weiter nach Lee und fieren ein wenig das Großsegel. Auch die Fock wird weiter gefiert.

Spaß an der Geschwindigkeit entlohnt die Mühe. Ganz besonders wichtig ist das gute Zusammenwirken der Crew.

Probiert es immer wieder aus, auch bei Änderungen eurer Fahrtrichtung die Geschwindigkeit des Catamarans beizubehalten.

Dies ist wichtig, wenn ihr euch im folgenden Kapitel mit dem Umdrehen (Wenden und Halsen) des Catamarans beschäftigen werdet.

Das Anfahren und die dosierte Geschwindigkeitsregelung habt ihr jetzt bei schwachem Wind geübt. Sucht euch für das Wenden und Halsen ebenfalls nur 1 bis 2

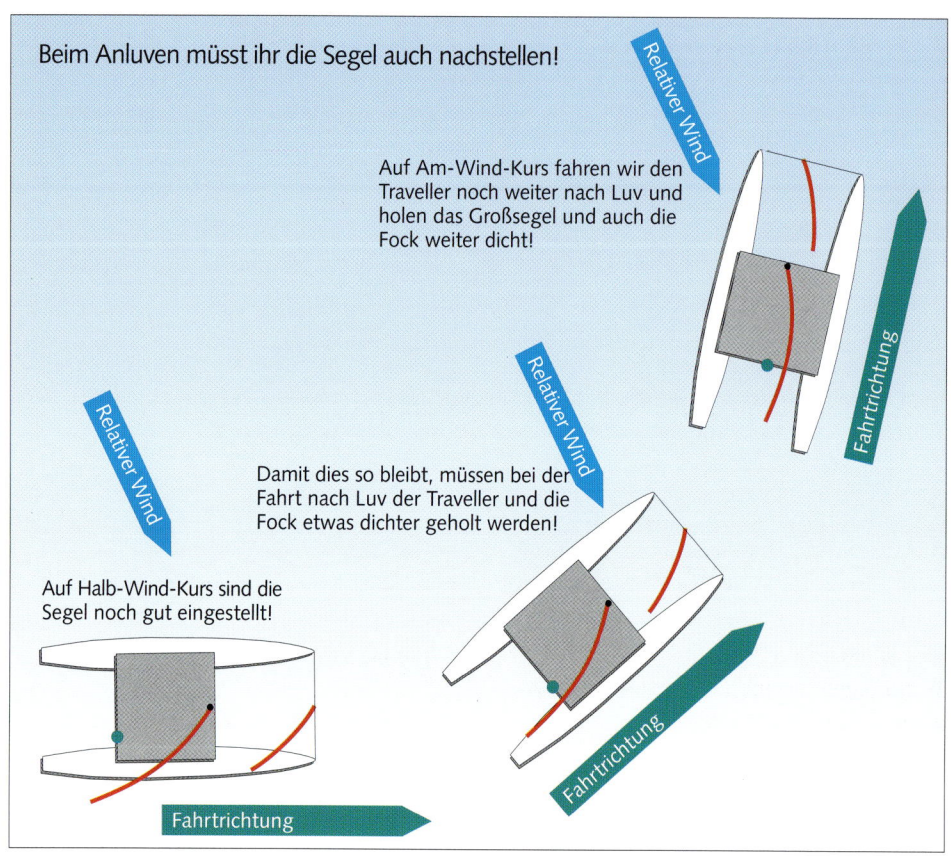

Beim Anluven müsst ihr die Segel auch nachstellen!

Relativer Wind

Auf Am-Wind-Kurs fahren wir den
Traveller noch weiter nach Luv und
holen das Großsegel und auch die
Fock weiter dicht!

Fahrtrichtung

Relativer Wind

Relativer Wind

Damit dies so bleibt, müssen bei der
Fahrt nach Luv der Traveller und die
Fock etwas dichter geholt werden!

Auf Halb-Wind-Kurs sind die
Segel noch gut eingestellt!

Fahrtrichtung

Fahrtrichtung

Windstärken aus, dann kann nichts schief gehen. Beherzigt aber schon jetzt folgende Lernregel: Jedes Manöver und jede Technik müssen mit der nächst höheren Windstärke wieder neu erlernt und geübt werden, sonst wird es gefährlich, weil ihr euch überschätzt und die notwendige Routine fehlt.

7   Achtung Kurve

Die ersten Fahrversuche sind geschafft. Das Anfahren und Anhalten habt ihr geübt. Jetzt geht es darum, dass wir jeden Ort auf dem Wasser erreichen möchten, obwohl wir ja bekanntlich nicht direkt gegen den Wind segeln können. Hinzu kommt, dass jedes Revier auch nicht unendlich groß ist. Wir müssen auch ans Zurückkommen denken. Es gibt zwei Möglichkeiten umzudrehen; das heißt, in die entgegengesetzte Richtung zu segeln. Orientieren wir uns an der Windrichtung.

Dreht ihr den Cat dem Wind entgegen, dann leitet ihr die Wende ein. Dieses Manöver führt immer zu der schon bekannten Im-Wind-Position. Ihr habt also im Verlauf der Wende damit zu rechnen, dass die Fahrt des Catamarans stetig abnimmt. Somit ist die Wende ein sicheres Manöver. Vergleichen wir hierzu die Segelrichtung der Halse, so sieht man, dass es mit »Vollgas« um die Kurve geht. Bis zum Vor-Wind-Kurs beschleunigt der Cat, dann

jedoch wird er fast gleichschnell wie der euch umgebende atmosphärische Wind. Das hat zur Folge, dass ihr an Bord weniger Windkraft spürt und auch zu beherrschen habt.

Stellt euch vor, dass die Luftteilchen wie kleine Wattebäuschchen nach Lee fliegen. Ihr versucht jetzt, mit dem Cat diese Wattebäuschchen einzuholen. Das könnt ihr fast schaffen. Dann fliegen die Luftteilchen mit gleicher Geschwindigkeit neben euch her und scheinen still zu stehen. Ihr spürt fast keinen Wind an Bord!

Merkt euch diesen Effekt sehr genau. Später, beim Segeln der Halse habt ihr dann ein sicheres Gefühl, auch wenn es mal etwas kräftiger bläst.

Fangt mit dem Üben der Manöver bei Leichtwind an. Ihr benötigt als Anfänger sehr viel Platz, also raus aus dem Hafenbecken und dorthin, wo niemand stört.

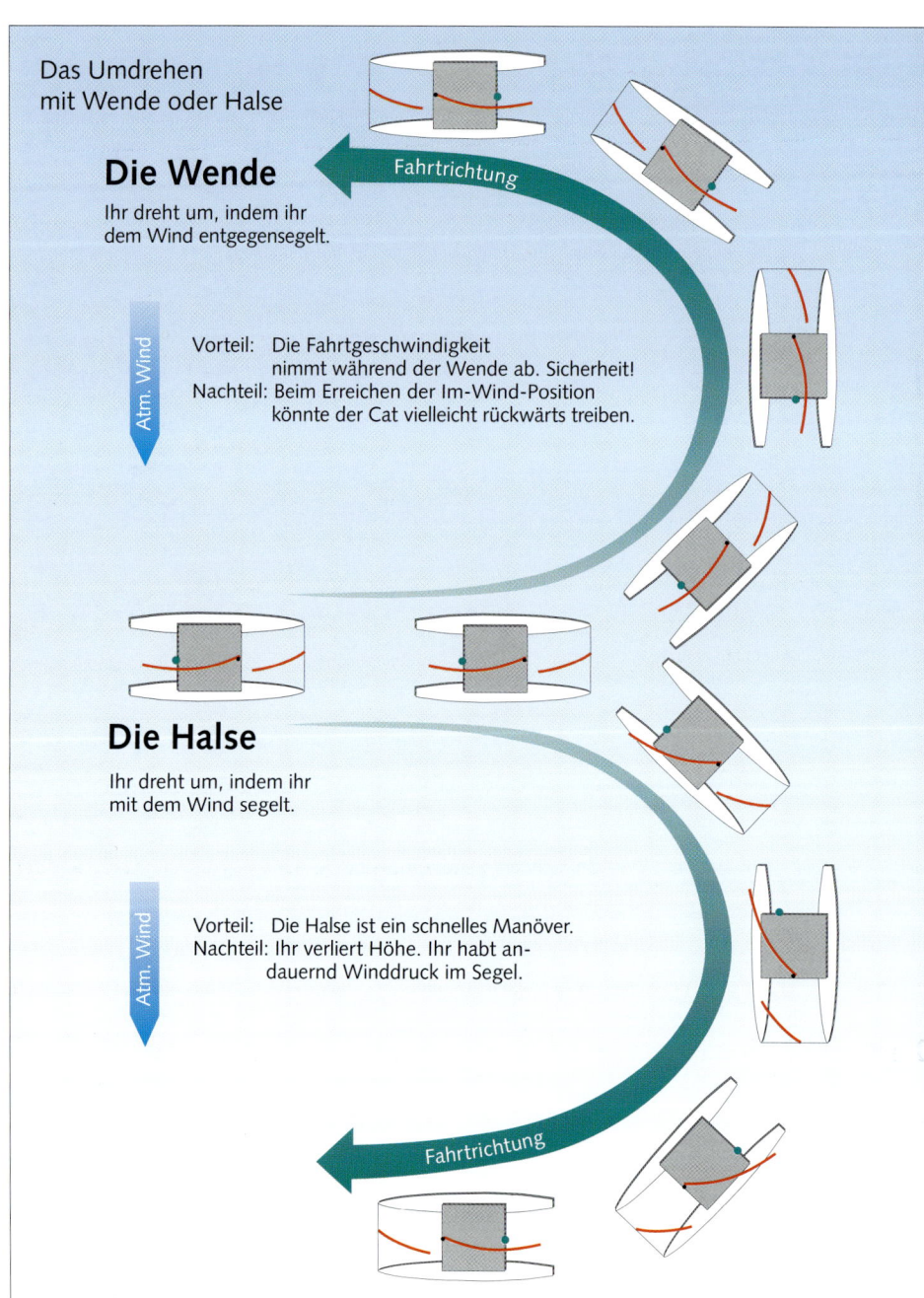

Das Umdrehen
mit Wende oder Halse

Die Wende

Ihr dreht um, indem ihr
dem Wind entgegensegelt.

Atm. Wind

Vorteil: Die Fahrtgeschwindigkeit
nimmt während der Wende ab. Sicherheit!
Nachteil: Beim Erreichen der Im-Wind-Position
könnte der Cat vielleicht rückwärts treiben.

Fahrtrichtung

Die Halse

Ihr dreht um, indem ihr
mit dem Wind segelt.

Atm. Wind

Vorteil: Die Halse ist ein schnelles Manöver.
Nachteil: Ihr verliert Höhe. Ihr habt an-
dauernd Winddruck im Segel.

Fahrtrichtung

46

Dieser Cat segelt schon hoch am Wind. Es reicht ein weiterer kleiner Ruderausschlag, um den Cat zu wenden.

Die Wende ist leicht geschafft

Wir beginnen mit der Wende, denn sie gibt euch in jeder Situation die Sicherheit, zu stoppen und umdrehen zu können! Am besten schaut ihr euch die nachfolgenden Einzelbilder mehrmals der Reihenfolge nach an. Achtet darauf, woher der Wind weht.

Damit ihr nun etwas genauer den Ablauf der Wende nachvollziehen könnt, haben wir den Ablauf der Wende nachgezeichnet. Das Gelingen der Wende ist von drei Dingen abhängig: Der Segelführung, dem Wechsel der Sitzposition auf dem Trampolin und der Ruderführung. Das Wichtigste überhaupt ist die Segelführung. Hier

1 Die Anfahrt zur Wende erfolgt in einem weiten Bogen. Der Traveller wird mittig gezogen.

2 Der Vorschoter rutscht nach vorne und holt die Fock noch etwas dichter. Die Fock bleibt belegt.

3 Die Fock schlägt back und drückt somit den Bug auf die neue Segelseite. Der Steuermann führt den Pinnenausleger hinten herum.

atmosphär. Wind

4 Jetzt bewegen sich beide Segler unter dem Großbaum hindurch auf die neue Seite, wenn der Wind schwach ist. Bei stärkerem Wind krabbelt zuerst der Vorschoter herüber, damit die Fock den Cat nicht kippt.

5 Die Fock sollte weiter back drücken: Sobald sich der Cat im Wind befindet, müssen Groß- und Travellerschot geöffnet werden, sonst klebt der Cat im Wind fest.

kommt es darauf an, die Segel durch Dicht-holen von Traveller- und Großschot in der richtigen Ausrichtung zum anströmenden Wind zu halten, obwohl sich der Cat unter den Segeln in Windrichtung dreht.

Nochmal das Wesentliche: Je weiter der Cat nach Luv dreht, desto dichter führt ihr den Traveller und haltet somit die Strö-mung im Segel. Damit der Cat nicht im Wind »kleben« bleibt, müsst ihr die Scho-ten beim Backschlagen der Fock schnell öffnen. Noch schneller dreht der Cat wei-ter, wenn ihr in der Im-Wind-Position das Großsegel gegen den Wind drückt (Back-halten).

Man kann seine ungläubigen Mitsegler mit folgendem Experiment schnell von der Wendefreudigkeit eines Catamarans über-

Die Wende

9 Der Vorschoter stellt die Fock ein und achtet dann auf den Gewichts-trimm. Je kräftiger der Wind weht, desto schneller begibt er sich nach hinten, denn die windgreifende Fock möchte den Leebug abtauchen. Hier zeigt der Cat eine ausgewogene Schwimmlage. Die Fahrt geht auf Halb-Wind-Kurs weiter.

8 Der Vorschoter sitzt noch vorne. Der Steuer-mann stellt den Traveller ein (halb-lee), legt ein wenig Ruder nach Lee und holt zum Beschleunigen die Großschot dicht.

7 Jetzt wird die Fock gefiert und gleich wie-der dicht genommen. So zieht sie den Cat weiter nach Lee.

6 Für Könner: Der Steuermann drückt das Großsegel noch etwas back, also mit der Rückseite gegen den Wind. Das Heck des Catamarans dreht noch schneller aus dem Wind.

49

zeugen: Wir segeln auf Am-Wind-Kurs und legen den Pinnenausleger achteraus. Nur durch das Dichtholen von Groß- und Travellerschot drehen wir in den Wind. Schlägt die Fock erst einmal back, haben wir den Cat gewendet, ohne auch nur einmal das Ruder benutzt zu haben. Wer so das Wendemanöver beherrscht, hat es geschafft und wird nie wieder in der Wende »verhungern«!

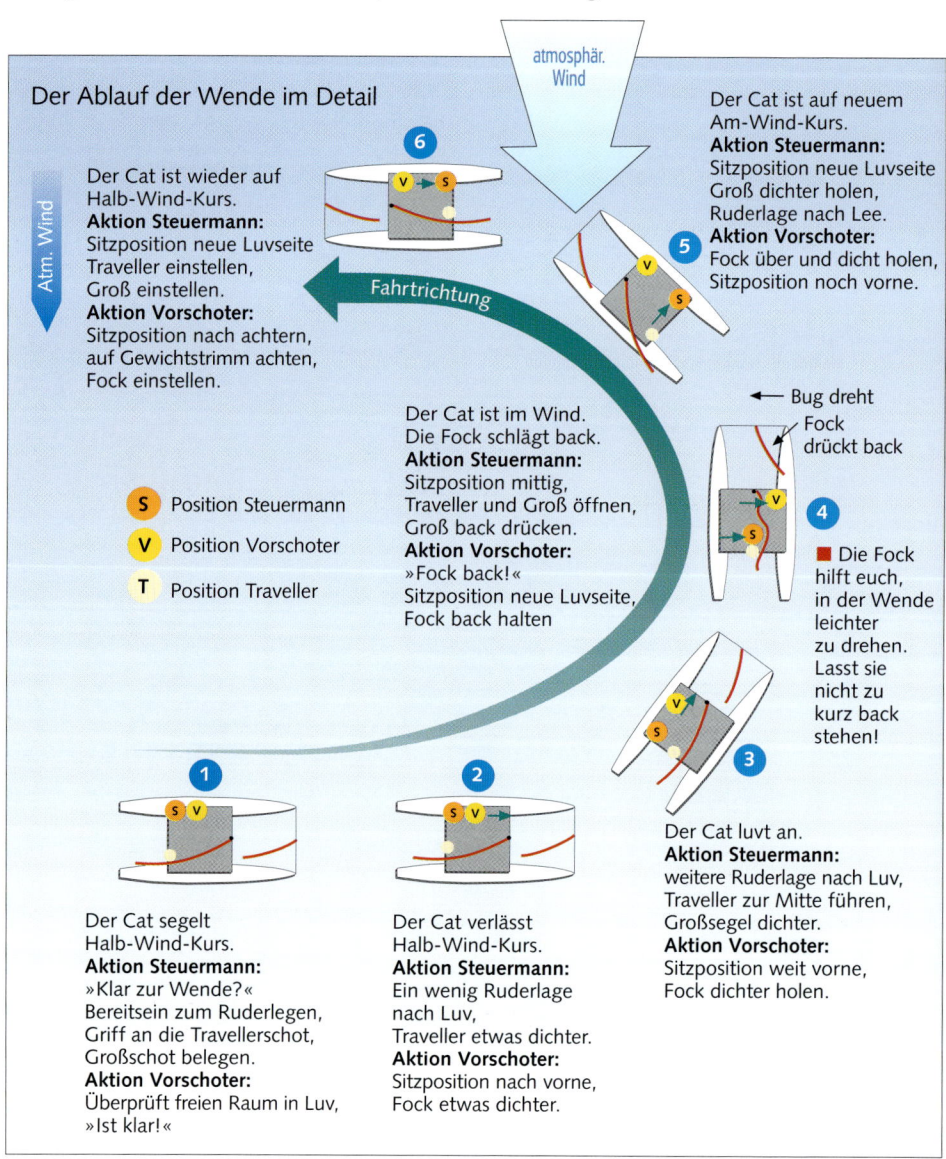

Der Ablauf der Wende im Detail

atmosphär. Wind

Atm. Wind

Fahrtrichtung

6

Der Cat ist wieder auf Halb-Wind-Kurs.
Aktion Steuermann:
Sitzposition neue Luvseite
Traveller einstellen,
Groß einstellen.
Aktion Vorschoter:
Sitzposition nach achtern,
auf Gewichtstrimm achten,
Fock einstellen.

Der Cat ist auf neuem Am-Wind-Kurs.
Aktion Steuermann:
Sitzposition neue Luvseite
Groß dichter holen,
Ruderlage nach Lee.
Aktion Vorschoter:
Fock über und dicht holen,
Sitzposition noch vorne.

5

S Position Steuermann

V Position Vorschoter

T Position Traveller

Der Cat ist im Wind.
Die Fock schlägt back.
Aktion Steuermann:
Sitzposition mittig,
Traveller und Groß öffnen,
Groß back drücken.
Aktion Vorschoter:
»Fock back!«
Sitzposition neue Luvseite,
Fock back halten

Bug dreht
Fock drückt back

4

■ Die Fock hilft euch, in der Wende leichter zu drehen. Lasst sie nicht zu kurz back stehen!

3

Der Cat luvt an.
Aktion Steuermann:
weitere Ruderlage nach Luv,
Traveller zur Mitte führen,
Großsegel dichter.
Aktion Vorschoter:
Sitzposition weit vorne,
Fock dichter holen.

1

Der Cat segelt Halb-Wind-Kurs.
Aktion Steuermann:
»Klar zur Wende?«
Bereitsein zum Ruderlegen,
Griff an die Travellerschot,
Großschot belegen.
Aktion Vorschoter:
Überprüft freien Raum in Luv,
»Ist klar!«

2

Der Cat verlässt Halb-Wind-Kurs.
Aktion Steuermann:
Ein wenig Ruderlage nach Luv,
Traveller etwas dichter.
Aktion Vorschoter:
Sitzposition nach vorne,
Fock etwas dichter.

Mit Vollgas um die Kurve

Keine Angst vor der Halse! Damit ihr einen ersten Eindruck gewinnt, schaut euch auch hier zunächst die nachfolgenden Einzelbilder an. Windrichtung gemerkt?

Die Unterschiede zur Wende werden deutlich. War bei der Wende die Segelführung das Wichtigste, so müsst ihr bei der Halse hauptsächlich auf die Ruderführung achten. Ihr erinnert euch: Wir segeln bei der

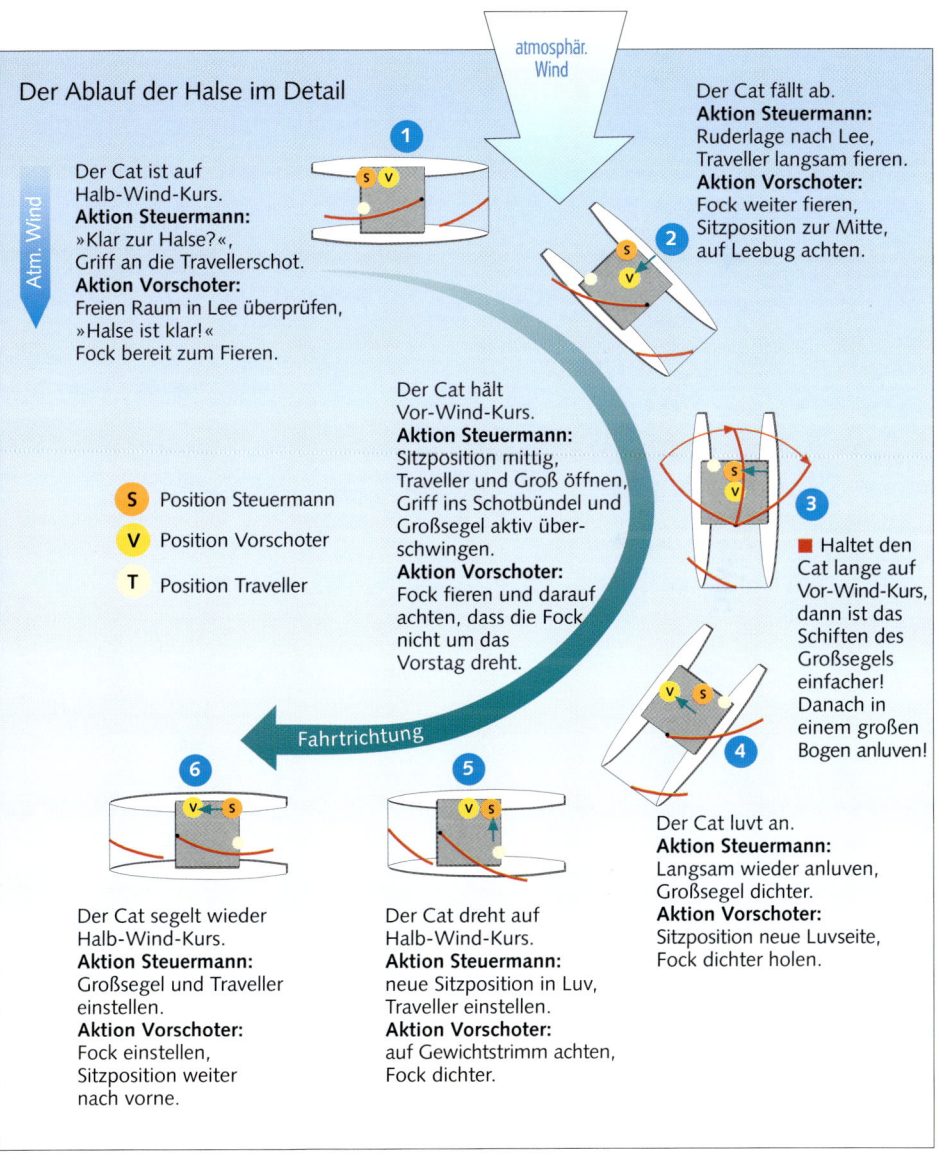

Der Ablauf der Halse im Detail

atmosphär. Wind

Atm. Wind

1

Der Cat ist auf Halb-Wind-Kurs.
Aktion Steuermann:
»Klar zur Halse?«,
Griff an die Travellerschot.
Aktion Vorschoter:
Freien Raum in Lee überprüfen,
»Halse ist klar!«
Fock bereit zum Fieren.

Der Cat fällt ab.
Aktion Steuermann:
Ruderlage nach Lee,
Traveller langsam fieren.
Aktion Vorschoter:
Fock weiter fieren,
Sitzposition zur Mitte,
auf Leebug achten.

2

S Position Steuermann

V Position Vorschoter

T Position Traveller

Der Cat hält Vor-Wind-Kurs.
Aktion Steuermann:
Sitzposition mittig,
Traveller und Groß öffnen,
Griff ins Schotbündel und
Großsegel aktiv überschwingen.
Aktion Vorschoter:
Fock fieren und darauf achten, dass die Fock nicht um das Vorstag dreht.

3

■ Haltet den Cat lange auf Vor-Wind-Kurs, dann ist das Schiften des Großsegels einfacher! Danach in einem großen Bogen anluven!

4

Fahrtrichtung

6

5

Der Cat segelt wieder Halb-Wind-Kurs.
Aktion Steuermann:
Großsegel und Traveller einstellen.
Aktion Vorschoter:
Fock einstellen,
Sitzposition weiter nach vorne.

Der Cat dreht auf Halb-Wind-Kurs.
Aktion Steuermann:
neue Sitzposition in Luv,
Traveller einstellen.
Aktion Vorschoter:
auf Gewichtstrimm achten,
Fock dichter.

Der Cat luvt an.
Aktion Steuermann:
Langsam wieder anluven,
Großsegel dichter.
Aktion Vorschoter:
Sitzposition neue Luvseite,
Fock dichter holen.

9 Jetzt ist die Halse aktiv passiert. Fock und Groß sind klar zum Dichtholen. Das Anluven auf neuem Kurs darf jetzt erfolgen.

8 Die Fock bleibt nur einen kurzen Moment back. Mit einem kräftigen Schwung kommt das Großsegel herüber. Achtet darauf, dass jetzt noch der Vor-Wind-Kurs beibehalten wird.

7 ...zieht er das Unterliek zu sich aktiv herüber. Dies geschieht, bevor das Segel eigenständig auf die neue Seite zu schwingen beginnt.

10 Ihr achtet wieder auf den Gewichtstrimm und stellt die Segel ein. Je weiter ihr den Bogen zur Halse aussegelt, desto einfacher geht´s. Vermeidet das sofortige Anluven nach dem Schiften.

Die Halse

Halse mit dem Wind mit und verringern somit die Segelkraft auf dem Vor-Wind-Kurs.

Ist euch der Grundablauf klar geworden? Gut, dann könnt ihr jetzt auf die »Feinheiten« der Halse achten. Zunächst habt ihr natürlich nur den Blick frei für das, was auf dem Cat selbst geschieht. Gewöhnt euch aber an, besonders bei der Halse den Überblick zu behalten. Ihr benötigt einen sehr großen Raum zum Halsen, schließlich geht es mit Volldampf um die Kurve. Wir erinnern uns: Wir müssen auf unserem Weg nach Lee versuchen, so schnell wie der atmosphärische Wind zu segeln. Dann spüren wir wenig Wind an Bord, und das Hinüberholen des Großsegels, wir nennen das Schiften, wird ganz leicht. Bleibt recht lange zum Schiften auf Vor-Wind-Kurs. Aber Achtung: Der Weg nach Lee wird recht weit.

Eine sehr gute Übung für euch ist das mehrmalige Schiften des Großsegels auf Vor-Wind-Kurs. Haltet als Steuermann den Kurs und schwingt mehrmals mit der Hand das Großsegel auf die andere Seite des Catamarans.

6 Weiter Ruderlage beibehalten. Sobald der Steuermann kaum noch Druck im Großsegel spürt...

5 Hat der Cat den Vor-Wind-Kurs erreicht, greift der Steuermann in das Schotbündel der Großschot und erfühlt, ob der Segeldruck nachlässt.

4 Der Vorschoter achtet darauf, dass die Fock nicht vornüber weht.

3 Groß- und Travellerschot werden beim Abfallen schrittweise gefiert, auch die Fock darf nicht dicht gehalten werden. Beide Segler begeben sich auf die Knie.

2 Der Steuermann kniet achteraus. Beide befinden sich in der Trampolinmitte. Der Cat dreht weiter nach Lee und nähert sich der atmosphärischen Windgeschwindigkeit.

atmosphär. Wind

1 Auf Halb-Wind-Kurs bereitet sich die Crew auf die Halse vor. Zuerst ist zu schauen, ob in Lee der Raum frei ist, denn der Cat ist schnell und benötigt viel Platz zum Halsen.

53

Bei wenig Wind lasst die Halse auch einmal nur so passieren (Patenthalse), ohne in die Großschot zu greifen. Aber auch hier Vorsicht! Den Kopf runter auf das Trampolin halten.

Ihr werdet feststellen, dass die gesamte Segelfläche gleichzeitig heftig umschlägt. Das könnt ihr vermeiden. Greift zuvor in die Mitte des Großschotbündels. Kurz bevor das Segel eigenständig umschlagen möchte, schwingt ihr kräftig das Unterliek vor. Dann greift der Wind zunächst nur die untere Segeltuchbahn, dann nacheinander die oberen. Ihr hört ein deutliches Umschlagen der Segellatten nacheinander. Klack, klack, klack! Das ist es! Die neue

Kurz vor dem Umschlagen des Großsegels erfühlen wir den nachlassenden Winddruck. Dann aktiv das Segel schiften. Beobachtet die umschlagenden Latten.

Windkraft wird dosiert vom Segel aufgenommen.

Nach dem Schiften dürft ihr auf gar keinen Fall »scharf abbiegen«. Durch eine solche abrupte Richtungsänderung würde der Wind sofort wieder seitlich einfallen und die allzu große Querkraft den Cat heben und euch zum Kentern bringen.

Also: In einem großen Bogen weiter vorsichtig wieder auf Halb-Wind-Kurs luven. Das Halsen mit hoher Geschwindigkeit erzeugt auch Schleuderkräfte, die euch vom Trampolin nach außen oder gar über Bord rutschen lassen. Es ist gut, wenn ihr euch beim Halsen mit einer Hand in der Trampolinverschnürung festhalten könnt, sonst wird das Abfallen zum »Runterfallen«! Die Halse ist ein tolles Manöver, besonders weil die schnelle Fahrt im Boot beibehalten wird. Ihr solltet sie intensiv üben. Steigert euch langsam mit der Windstärke!

54

8   Wo ist die Bremse

Geschwindigkeit ist keine Hexerei. Dieser Satz gilt erst recht auf dem Cat. Bisher habt ihr das recht deutlich erfahren. Während eurer ersten Versuche zum Anfahren und Anhalten habt ihr zwei Aktionen zum Stoppen angewandt:
• das Ruderlegen nach Luv und
• das Fieren der Segel.

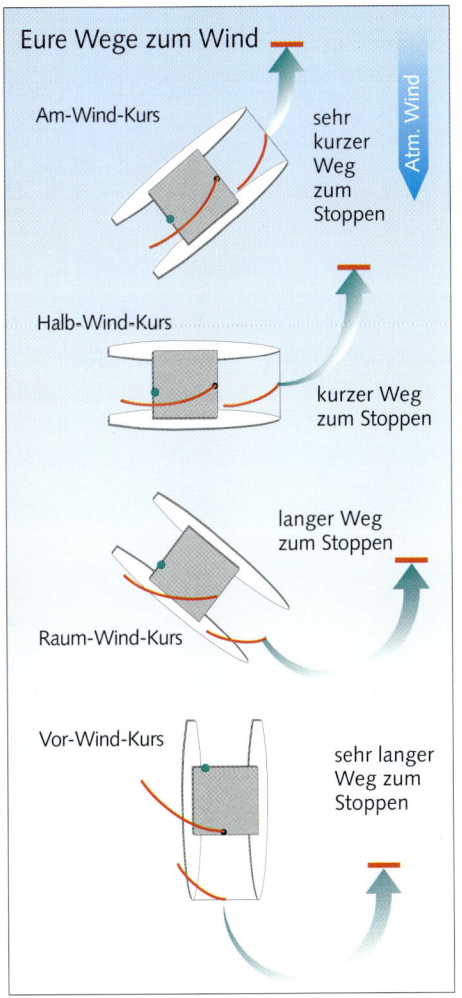

Eure Wege zum Wind

Am-Wind-Kurs — sehr kurzer Weg zum Stoppen

Atm. Wind

Halb-Wind-Kurs — kurzer Weg zum Stoppen

langer Weg zum Stoppen

Raum-Wind-Kurs

Vor-Wind-Kurs — sehr langer Weg zum Stoppen

Davon ausgehend zeigen wir euch nun verschiedene Möglichkeiten für das schnelle und kontrollierte Stoppen.

Wie zügig ihr stoppen könnt und welchen »Bremsweg« ihr benötigt, ist nicht nur von der Geschwindigkeit, sondern auch von dem Kurs, den ihr im Moment segelt, abhängig. Verschafft euch also vor dem Einleiten des Stoppens eine Vorstellung über den »Weg zum Wind«.

Hier kommt es darauf an, möglichst schnell die Windkraft aus den Segeln zu nehmen. Sofortiges Auffieren aller Schoten und ein kräftiges Ruderlegen bringen den Cat schnell zum Stillstand. Bringt ihr dabei noch euer Crewgewicht nach hinten, dann wirken die eintauchenden Hecks als zusätzliche Bremsen.

Am einfachsten lässt sich aus dem Am-Wind- und Halb-Wind-Kurs stoppen. Mit diesen Ausgangssituationen beginnt ihr. Ihr solltet zwei Stopparten grundsätzlich unterscheiden:

Den **Notstopp** mit kurzem Bremsweg zum schnellen Anhalten.

Der Notstopp

Bei einem Notstopp kommt es darauf an, aus jeder Kursrichtung den Cat möglichst schnell zum Stillstand zu bringen. Dies erreicht ihr durch das direkte In-den-Wind-drehen. Deshalb nennt man den Notstopp auch Aufschießer.

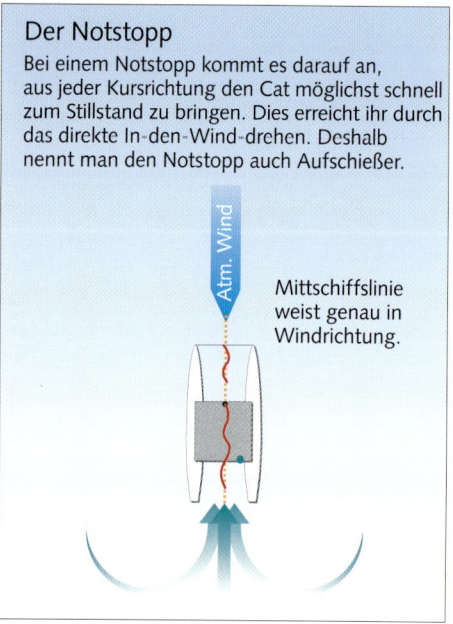

Mittschiffslinie weist genau in Windrichtung.

Der Unterschied Notstopp und Zielstopp

Beim Zielstopp nehmt ihr einen etwas längeren Bremsweg in Kauf, bleibt aber dafür manövrierfähig!

Mittschiffslinie weist genau in Windrichtung.

Mittschiffslinie weist auf Am-Wind-Kurs.

Notstopp   **Zielstopp**

Aber Achtung: Falls ihr direkt mit dem Bug in den Wind schießt (Vollaufschießer), habt ihr nur diesen Versuch, um euer Ziel (Steg/Boje) zu erreichen. Das Wiederanfahren wird euch schwer fallen, da der Cat nach dem plötzlichen Stoppen erst rückwärts treiben wird, genauso wie bei einer misslungenen Wende. Falls ihr nicht unbedingt einen Notstopp segeln müsst, dann probiert den Zielstopp.

Der **Zielstopp** wird für das Aufnehmen eines Überbordgefallenen (Sicherheitsmanöver oder Mann-über-Bord-Manöver) und beim Anlegen benötigt.

Die Segel stehen beim Notstopp genau über der Mittschiffslinie. Nach dem Stillstand beginnt der Cat rückwärts zu treiben.

Ein Zielstopp sollte immer in die Nahezu–Aufschießer-Position führen, weil euer Cat in dieser Stellung noch manövrierbar ist. Kleine Nachkorrekturen sind möglich. Der Nachteil des Zielstopps ist der einzukalkulierende längere Bremsweg. Beim Sicherheitsmanöver (Mann–über–Bord–Manöver) ist die Technik des Zielstopps die richtige, weil ihr somit die bessere Chance habt, euren Segelpartner auch an Bord nehmen zu können.

Ihr könnt dieses Verfahren nicht oft genug üben. Es macht zudem viel Spaß, den Cat »punktgenau« zu segeln und zu stoppen.

Es kann notwendig werden, dass ihr nach dem Stoppen für eine längere Zeit eure Position halten müsst, weil euer Segelpartner vielleicht noch ein Stück auf euch zuschwimmen muss. Dann wendet ihr eine

Beim Zielstopp stehen zwar die Segel im Wind, jedoch befindet sich die Ausrichtung des Cat auf Am-Wind-Position.

gegenüber dem Jollesegeln etwas abgewandelte Technik des Beidrehens an.

Die Jolle hält ihre Position sehr gut, wenn die Fock back gestellt wird. Legt man die Ruder zum Anluven, so hält man die Ausrichtung des Bootes, denn der Drehpunkt liegt in Höhe des Schwertes.

Würdet ihr so einen Cat halten wollen, würde er unweigerlich mit dem Bug nach Lee drehen und Fahrt aufnehmen, weil sich die Fock sehr weit vor dem Drehpunkt des Bootes befindet. Bei Stillstand liegt dieser bei den meisten schwertlosen Catamaranen im Heckbereich. Es hat sich gezeigt, dass eine in Lee dichtgeholte Fock den Cat am

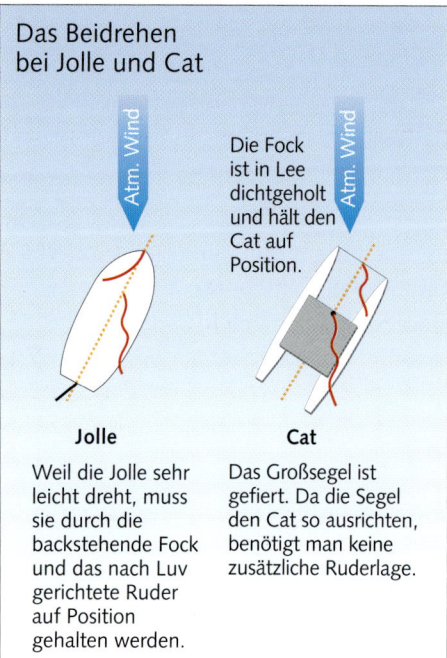

Das Beidrehen bei Jolle und Cat

Atm. Wind

Die Fock ist in Lee dichtgeholt und hält den Cat auf Position.

Atm. Wind

Jolle

Weil die Jolle sehr leicht dreht, muss sie durch die backstehende Fock und das nach Luv gerichtete Ruder auf Position gehalten werden.

Cat

Das Großsegel ist gefiert. Da die Segel den Cat so ausrichten, benötigt man keine zusätzliche Ruderlage.

dig werden, den Cat zwecks Stoppens zu kentern. Hierzu zwei Beispiele:

1. Ihr verliert euren Mitsegler, seid aber nicht in der Lage, alleine das Sicherheitsmanöver zu segeln, dann kentert ihr das Boot. Zuerst stellt ihr euch auf das Heck in Lee des Catamarans. Danach begebt ihr euch auf den Mast und kentert durch! Warum? Das Großsegel wirkt unter Wasser wie ein Anker. Die Gefahr des Abtreibens ist dadurch reduziert.

2. Es droht ein Gewitter und ihr könnt das Ufer oder den Strand nicht mehr erreichen. Dann ist es sinnvoll, den Cat zunächst zu stoppen und dann zu kentern. Kauert euch auf den im Wasser schwimmenden, unteren Rumpf und berührt den Cat nur, sofern notwendig, mit euren Händen.

besten auf einer Nahezu-Aufschießer-Position hält. Die Fock steht fest im Wind und der Cat richtet sich darunter entsprechend aus. Wir müssen dann nicht mehr mit der Pinne nachsteuern.

Eine andere Art des Stoppens möchten wir euch nicht vorenthalten. Es kann notwen-

Ihr werdet sehr schnell bemerken, dass mit zunehmendem Können auch euer Spaß an der Geschwindigkeit wächst. Ihr seid dann die schnellsten Segler auf dem Wasser. Aber Vorsicht: Die anderen Segler haben es schwer, eure Geschwindigkeit richtig einzuschätzen. Nehmt Rücksicht und beweist Umsicht. Das schnelle Stoppen kann so manche Kollision verhindern.

9   Komm, wir kentern

Eine Kenterung passiert jedem mal, ob er will oder nicht, aus voller Fahrt oder beim Manöversegeln. Beim bloßen Zuschauen sieht es schon spektakulär aus, aber wenn ihr an Bord das Kentern erlebt, ist es meistens harmlos. Schließlich fallt ihr ins Wasser, und da sind bekanntlich keine Balken. Auch wenn dann der Mast und die Segelfläche aufschlagen, braucht ihr keine Angst zu haben, darunter zu geraten, da das Segel zunächst noch »in der Luft« bleibt.

Wenn ihr vom Kentern überrascht werdet, solltet ihr einige Regeln sofort beachten:

1. Springt niemals vom Cat herunter!
2. Behaltet Griffkontakt zum Boot!
3. Beobachtet euren Mitsegler!
4. Nach dem Aufrichten und vor der Weiterfahrt kontrolliert ihr den Cat auf Beschädigungen und legt die Aufrichtleine wieder klar!

Dies ist die häufigste Lage des Catamarans nach einer Kenterung: Der Cat kentert nicht sofort durch. Hängt euch sofort an die Aufrichtleine, um das Durchkentern zu verhindern.

Wenn der Wind gegen das Trampolin drückt oder euer Segelpartner auf dem Mast sitzt, dann taucht der Cat mit der Mastspitze senkrecht nach unten.

Falls ihr aber mal nicht kentern wollt, gleich auch ein paar Tipps zur Vermeidung des unfreiwilligen Bades:

- leichtes Anluven und Fieren der Groß- schot bei leichten Windstößen
- Fieren von Groß- und Travellerschot sowie schnelles Drehen des Cat nach Luv bei kräftigem und schwer kontrollierba- rem Wind
- direktes In-den-Wind-Schießen. Der Vorschoter bringt sein Gewicht ausglei- chend zum Vorderholm. Diese Aktion hilft bei sehr rauen Bedingungen.

Wir raten euch, das Kentern und Aufrich- ten schon ganz zu Anfang eurer Cat-Kar-

riere zu üben. Dazu sucht ihr euch einen Tag mit wenig Wind aus. Das Wasser soll- te tief genug sein, damit die Ruderblätter beim Aufrichten nicht in den Grund schla- gen. Zu Beginn ist es sicherer, dort zu üben, wo ihr noch stehen könnt. Wollt ihr das Durchkentern (Mast nach unten) pro- bieren, braucht ihr eine Wassertiefe, die der Mastlänge entspricht, sonst bleibt der Mast im Grund stecken.

Merkt euch bitte: Niemals lossegeln, wenn ihr das Aufrichten noch nicht beherrscht. Dies gilt besonders für die »Einhandsegler« unter euch!

So einfach ist es gar nicht, den Cat aus dem Stand umzuwerfen.

Hierzu benötigt ihr die richtige Technik: Setzt euch zunächst auf die hintere Holm- ecke. Na? Was passiert? Noch nichts? Dann seid ihr vielleicht zu leicht. Haltet euch

dann jeweils an den Trapezgriffen fest und stellt euch auf das Heck. Wenn ihr euch nun ein wenig nach außen lehnt, klappt es bestimmt. Jetzt seht ihr auch, dass der Cat nicht einfach zur Seite kippt, sondern über das Heck eintaucht und sich dann erst auf die Seite legt. Das Ganze läuft in Zeitlupe ab. Ihr habt ausreichend Zeit, ein sicheres Plätzchen im Wasser zu finden.

So könnt ihr den Cat kentern. Haltet euch an den Trapezgriffen fest und stellt die Füße auf das Heck. Das funktioniert immer. Noch schneller geht´s, wenn ihr euch in Lee zusätzlich heraushängt.

In gleicher Weise verläuft die Kenterung, wenn ihr (dies ist der häufigste Fehler bei Anfängern) im Verlauf der Wende zu lange auf den »alten« Sitzpositionen bleibt. Aber es geht auch anders:

61

Der klassische Stecker! Sitzt die Crew zu weit vorne und der Steuermann fällt plötzlich ab, dann geht´s abwärts.

Hier ist die Crew noch weiter nach vorne gerutscht, weil sie ihren Halt verloren hat. Klar, dass noch mehr Druck auf den Leebug kommt.

Schnell ein wenig zu heftig nach Lee gesteuert, das Crewgewicht zu weit beim Vorderholm, und der Cat stolpert über den Leebug. Bei dieser Variante des Kenterns stoppt das Boot sofort ab. Klar, dass der Wind dann raumt (der Fahrtwind entfällt) und nur noch der atmosphärische Wind drückt. So ein Stecker kann zur ungünstigsten Form des Kenterns führen, dem Durchkentern. Ihr könnt schon damit rechnen, dass ihr irgendwo aneckt und ein paar blaue Flecken übrig bleiben.

Auf der Kippe – das macht zwar Spaß und Eindruck, aber so seid ihr nicht mehr richtig schnell und steht kurz vor einer Kenterung.

Nichts mehr zu machen! Der Cat macht keine Fahrt mehr. Der jetzt mit voller Kraft seitlich einfallende Wind schafft den Rest der Kenterung.

Zum Schluss taucht der Leerumpf wieder etwas auf und der Cat legt sich auf die Seite. Versucht, euch irgendwie und irgendwo festzuhalten.

Langsam und sanft hingegen verläuft das Kentern, wenn ihr gewollt das Segeln auf einem Rumpf übt und auch überreizt. Der Luvschwimmer steigt und steigt. Jedoch wird der Cat auch langsamer, weil ihr immer mehr Segelfläche vom Wind wegneigt.

Eine kleine Bö unter dem Trampolin reicht dann aus, und es macht »platsch«. Jetzt ist es wichtig, dass ihr nicht springt. Versucht auf dem Schwimmer sitzen zu bleiben, bis die Mastspitze auf das Wasser fällt, dann klettert ihr vorsichtig hinunter.

Ihr habt jetzt drei Arten des Kenterns kennen gelernt: Über das Heck, über den Leebug und über die Seite.

Der Cat soll aber wieder auf die »Beine« sprich Rümpfe kommen. Doch nur keine Hektik, vor dem eigentlichen Aufrichten gibt es noch einiges vorzubereiten: Euer erster Blick gilt dem Mitsegler. Hat er sich verletzt? Hat er Kontakt zum Boot? Kann er es ohne deine Hilfe erreichen? Falls nicht, kentere den Cat durch, indem du dich auf den Mast stellst. Dann treibt dein Boot nicht so schnell ab.

Nun zum Aufrichten: Der Cat liegt jetzt auf der Seite. Beide, Vorschoter und Steuermann, klettern auf den unteren Rumpf. Ihr beginnt mit dem Lösen der Schoten. Groß- und Travellerschot werden geöffnet. Aber Achtung: Begibt sich einer von euch

1

Die Crew schwimmt und der Cat liegt auf der Seite. Versucht schon vom Wasser aus, Großschot, Traveller- und Fockschot zu lösen, dann funktioniert das Aufrichten leichter.

2

Schwimmt an den unteren Rumpf heran und klettert darauf. Vorsicht mit eurem Trapezhaken! Bohrt keine Löcher in den Rumpf, wenn ihr bäuchlings aufsteigt.

5

Gemeinsam hängt ihr euch nun an die Aufrichtleine. Sobald sich der Mast aus dem Wasser hebt, müsst ihr an der Aufrichtleine nachgreifen, sonst taucht ihr ein und der Mast fällt zurück.

6

Ein wenig Kraft benötigt ihr schon. Eine kleine Hilfe: Führt die Aufrichtleine unter eurem Trapezhaken durch, somit wird es einfacher.

9

zum Heck, so muss der andere Mitsegler sein Gewicht wie auf einer Waage zum Bug des Catamarans verlagern, damit der Cat nicht über das Heck oder den Bug durchkippt. Auch die Fockschot muss gefiert werden, aber nicht zu weit, da die Fock

Hier hat es ein Crewmitglied nicht geschafft, unter das Trampolin zu gelangen. Besser ist der Halt zwischen den Rümpfen, besonders dann, wenn der Cat sofort Wind greift und lossegelt.

3

Sobald einer von euch auf dem Rumpf steht, sollte die Aufrichtleine klargelegt werden. Werft sie über den oberen Rumpf.

4

Jetzt kann der Cat einerseits nicht weiter durchkentern, andererseits hilft die Aufrichtleine eurem Partner beim Aufsteigen.

7

Hat der Mast diese Höhe erreicht, geht alles sehr schnell. Jetzt heißt es nachgreifen und sicher unter das Trampolin kommen.

8

Zieht euch unter das Trampolin. Schützt euren Kopf mit einer freien Hand. Die andere greift von unten in die Trampolinverschnürung.

sonst während des Aufrichtens um das Vorstag schlagen könnte. Holt die Aufrichtleine aus der Trampolintasche und werft sie über den oberen Rumpf. Bevor ihr euch mit eurem Gewicht gemeinsam an die Aufrichtleine hängt, prüft ihr, in welcher Ausrichtung sich der Mast zum Wind befindet. Schaut euch die nachfolgende Zeichnung der möglichen Ausgangssituationen genau an. Meist ist es sinnvoll, den Cat in eine günstigere Ausgangslage zu drehen. Dies schafft ihr, indem ihr entweder gemeinsam schwimmend versucht, den Cat zu drehen oder aber nur den Bug oder das Heck des seitlich schwimmenden Cats ein wenig eintaucht. Das austauchende Rumpfende dreht dann leichter.

Einer von euch hängt sich gestreckt an die Aufrichtleine. Falls eure Kraft nicht ausreicht, könnt ihr die Leine unter den

Haken eurer Trapezhose durchführen. Sie rutscht dann nur bis zum jeweiligen Knoten, und ihr spart Kraft. Weiter geht's! Klar, am besten funktioniert es, wenn die Bugspitzen zum Wind zeigen (Position B). Dann nämlich steht der Cat nach dem Aufrichten in der Im-Wind-Position. Auch in Position D habt ihr es leicht. Erstens drückt der Wind gegen das Trampolin und hilft, zweitens liftet der Wind das Segel, sobald es aus dem Wasser auftaucht.

Sicherlich werdet ihr im Verlauf der ersten Aufrichtversuche auch mal verzweifeln. Aber vielleicht helfen euch diese Tricks:

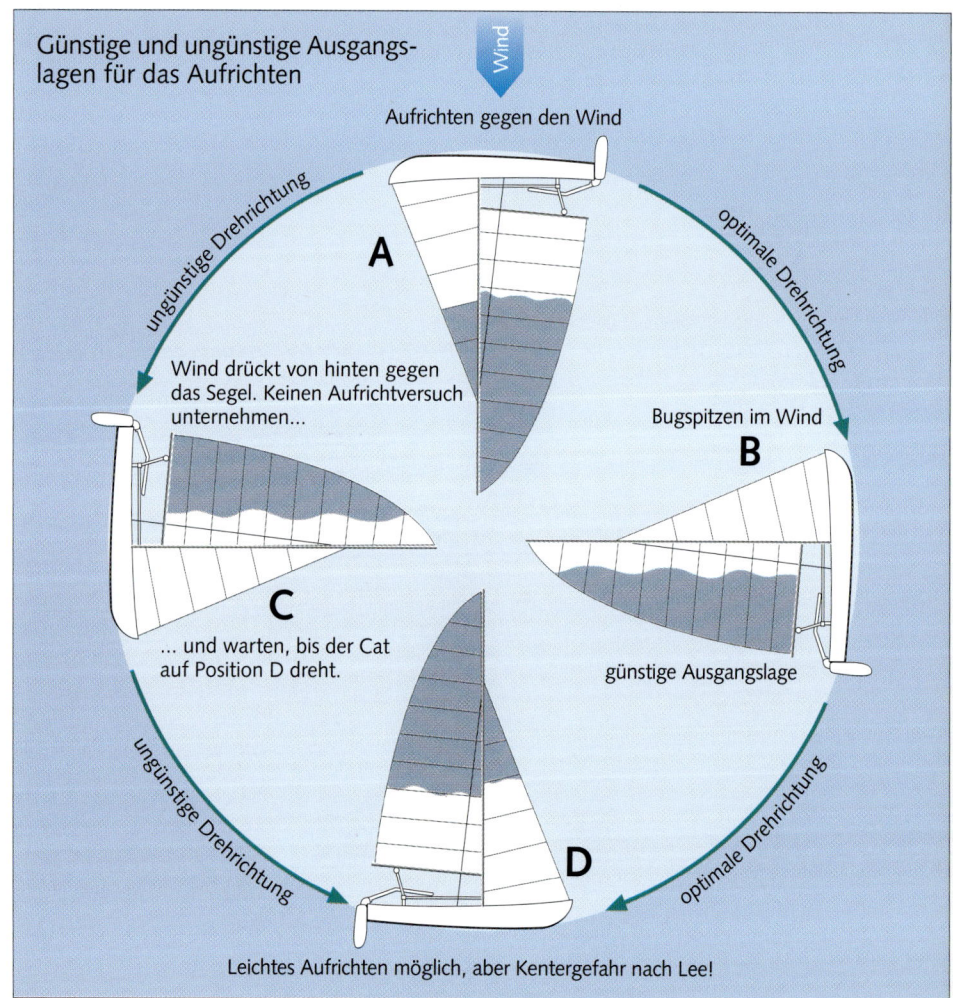

Günstige und ungünstige Ausgangslagen für das Aufrichten

Wind

Aufrichten gegen den Wind

ungünstige Drehrichtung

optimale Drehrichtung

A

Wind drückt von hinten gegen das Segel. Keinen Aufrichtversuch unternehmen...

Bugspitzen im Wind

B

C

... und warten, bis der Cat auf Position D dreht.

günstige Ausgangslage

ungünstige Drehrichtung

optimale Drehrichtung

D

Leichtes Aufrichten möglich, aber Kentergefahr nach Lee!

Situation: Die Mastspitze hebt sich ein wenig aus dem Wasser, dann geht nichts mehr.

Abhilfe: Vielleicht hängt ihr schon zum Teil mit eurem Körper im Wasser, dann reduziert sich euer Aufrichtgewicht. Raus mit dem Po aus dem Wasser und Nachfassen der Aufrichtleine.

Situation: Es fehlt an den letzten Zentimetern, um den Cat wieder zum Stehen zu bringen.

Abhilfe: Es zählt jedes Gramm, das ihr weiter nach außen bringt. Also:Streckt euch, stützt euch auf die Zehenspitzen und streckt die Arme nach außen!

Zum Aufrichten zählt jedes Gramm, das ihr an die Aufrichtleine bringen könnt, streckt die Arme nach hinten und streckt euch.

Plötzlich kommt der Mast doch noch aus dem Wasser. Hat er diese Schräglage erreicht, ist der Rest ein Kinderspiel.

Situation: Euer Crewgewicht reicht nicht.

Abhilfe: Keine Sorge, auch Leichtgewichtige schaffen es mit der richtigen Technik. Es kommt nur auf den Hebelarm an. Der Kräftigere von euch hängt an der Aufrichtleine. Der Partner klettert auf dessen Schultern. So kann es funktionieren.

Situation: Ihr habt Angst, dass beim Aufrichten der Rumpf auf euch fällt.

Abhilfe: Richtet sich der Cat im weiteren Verlauf nahezu selbständig auf (ihr spürt dies anhand der nachlassenden Rückzugkraft an der Aufrichtleine), dann greift von unten in die Trampolinverschnürung. Zieht euch zur Mitte des Trampolins, dann kann schlimmstenfalls das weiche Trampolintuch auf euch fallen.

Situation: Ihr habt Schwierigkeiten, wieder auf das Trampolin zu steigen.

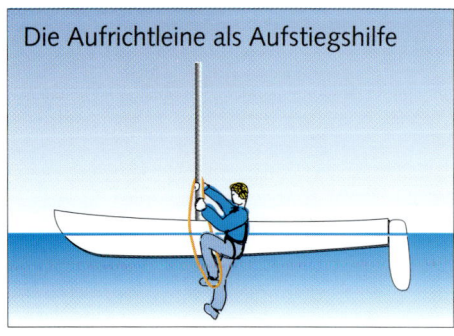

Die Aufrichtleine als Aufstiegshilfe

Abhilfe: Entweder hilft der Mitsegler mit einer Räuberleiter aus, oder ihr nutzt die Aufrichtleine als Aufstiegshilfe.

Es kann auch vorkommen, dass euer Cat durchkentert. Dabei zeigt die Mastspitze senkrecht nach unten.

Jetzt müsst ihr nur versuchen, den Cat in die Seitenlage zu bringen. Dann funktioniert alles Weitere wie gezeigt. Aber wie kommt ihr zurück zur Seitenlage? Erinnert euch daran, wie ihr den Cat am einfachsten kentern konntet! Das Heck belasten und dann kippte er ganz einfach um die diagonale Achse. Um nun den Mast wieder in Seitenlage zu bringen, wendet ihr die gleiche Technik an. Stellt euch auf das Heck, das in Luv liegt.

Falls ihr Halt benötigt, führt die Aufrichtleine wie beim üblichen Aufrichten um den gegenüberliegenden Rumpf. Hebt sich dieser Rumpf langsam aus dem Wasser, müsst ihr zum Halten der Balance weiter in Richtung Bug wandern.

Das ist alles. Probiert es aus! Es ist sehr einfach.

Ein sicherer Schutz vor dem Durchkentern ist übrigens ein Auftriebsball im Masttopp. Aber achtet darauf, dass er auch 100-prozentig wasserdicht ist. Für einen Liter Wasser im Masttopp benötigt ihr 8 Kilogramm mehr Gewicht an der Aufrichtleine!

So, jetzt noch mal schnell das Wichtigste.

Ihr solltet den Cat kentern und aufrichten können. Das dient eurer Sicherheit. Ken-

Mast nach unten, was nun? Es ist ganz einfach: Sucht die Aufrichtleine. Führt sie unter dem Rumpf durch, ...

... dann stellt ihr euch zu zweit auf das gegenüberliegende Heck. Sofort taucht das Heck ein und der Bug auf.

Jetzt kommt der Cat in die Seitenlage und ihr könnt ihn aufrichten, wie zuvor gelernt und geübt.

tern muss aber nicht unbedingt sein. Zwar passiert es am Anfang, wenn man noch nicht so geübt im Umgang mit dem Cat ist, jedoch solltet ihr mit zunehmender Erfahrung aktiv und in jeder Situation versuchen, das Kentern zu vermeiden. Warum?
Erstens besteht immer die Gefahr, dass ihr euch verletzen könnt. Man weiß nie! Zweitens stellt eine Kenterung für den Catamaran selbst eine hohe Materialbelastung dar. Nicht nur in der Weise, dass sichtbare Beschädigungen auftreten können. Besonders die stillen Schäden, wie z.B. ein Anbruch der Wanten oder Vorstage, können euch zu einem späteren Zeitpunkt in eine heikle Situation bringen. Beherzigt deshalb folgende Anti-Kenter-Regeln:

1. Bei stärkerem Wind und höherer Geschwindigkeit keine plötzlichen Richtungsänderungen ausführen, besonders dann nicht, wenn euer Mitsegler im Trapez steht!
2. Ist der Wind böig, so führt behutsam die Schoten. Fahrt die Großschot nicht in der Klemme, so seid ihr bereit, jederzeit die Windkraft aus den Segeln zu lassen. Dies gilt auch für die Fock.

3. Achtet auf eure Sitzposition. Je stärker der Wind und raumer der Kurs, desto weiter gehört euer Gewicht nach achtern.
4. Reizt euch und den Cat nicht bis zur Grenze aus, besonders dann nicht, wenn ihr selber noch nicht das Gefühl habt, über ausreichend Erfahrungen zu verfügen.

Solltet ihr nach einer Kenterung nicht weitersegeln können, so besteht die Möglichkeit des Schleppens. Je nachdem, wie schnell euer »Zugpferd« ist, müsst ihr auf Folgendes achten:

- Fahrt immer seitlich versetzt hinter dem Zugfahrzeug her.
- Nicht schneller schleppen lassen, als ihr selbst segeln würdet.
- Die Schleppleine auf Slip legen, damit ihr sie schnell lösen könnt.
- Wenn der Mast gefallen oder gebrochen ist, legt ihn diagonal und ohne Segel über das Trampolin. Befestigt ihn! Niemals den Mast quer zur Fahrtrichtung führen. Notfalls den Mast im Wasser nachschleppen.

10 Ich hole dich wieder an Bord

Segeln zu zweit bringt nicht nur mehr Spaß. Klar ist auch, dass ihr euch als Team an Bord gegenseitig Sicherheit gebt. Sicherlich bewältigt jeder von euch auch kleinere Probleme alleine, aber was ist, wenn dem Mitsegler etwas zustößt? Verletzungen des Steuermanns lassen einen Cat schon recht hilflos umherirren. Gut wenn dann euer Segelpartner das Kommando übernehmen kann. Ganz gleich, was auch an Bord passiert, stoppt den Cat erst einmal ab und helft eurem Mitsegler. Falls ihr weitere Hilfe benötigt, so kennt ihr das Nothandsignal:
Stellt euch auf das Trampolin und führt die gestreckten Arme seitlich auf und ab.

Solange beide Crewmitglieder an Bord sind, ist alles nur halb so dramatisch. Jedoch kommt es auch vor, dass einer von euch über Bord fällt. Das ist schneller passiert, als ihr glaubt, denn im Unterschied zur Jolle sitzt ihr nicht durch einen Bootsrand geschützt im Boot, sondern auf dem Cat. Auch beim Trapezsegeln fällt man schon mal über Bord. Dann ist der auf dem Cat verbliebene Mitsegler richtig gefordert. Ohne Segelpraxis ist eine Rückkehr zum verlorenen Crewmitglied kaum zu bewältigen.
Hinterherschwimmen kostet nur Kraft und ist eher aussichtslos. Es gibt nun einige Regeln, die ihr beachten solltet.

• Segelt ihr alleine oder mit einem unerfahrenen Partner, so ist es ratsam, sich mit einer Sicherheitsleine, bestehend aus fünf Metern Tampen (Durchmesser 5 mm) und etwa zwei Metern Gummizug (Durchmesser 8 mm), ans Boot zu sichern.

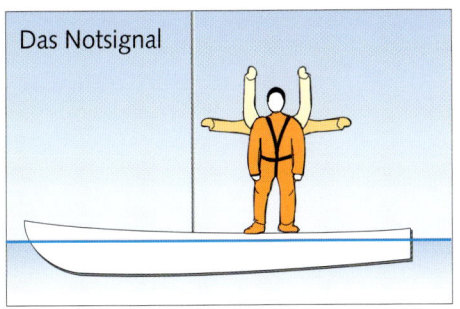

Das Notsignal

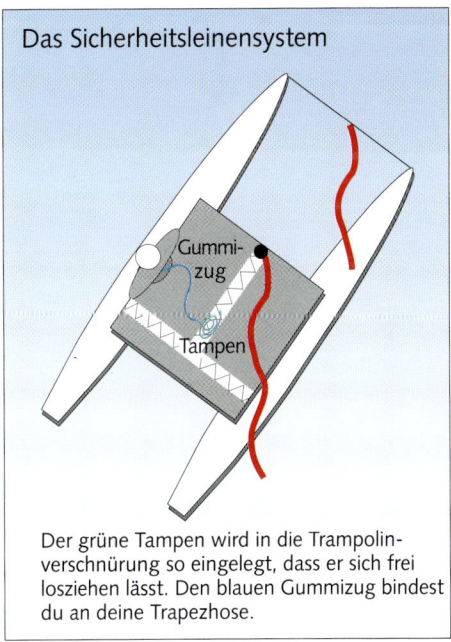

Das Sicherheitsleinensystem

Gummizug

Tampen

Der grüne Tampen wird in die Trampolinverschnürung so eingelegt, dass er sich frei losziehen lässt. Den blauen Gummizug bindest du an deine Trapezhose.

- Zeigt eurem Mitsegler, wie der Cat im Notfall zu stoppen ist.
- Vermeidet zu hohes Risiko beim Segeln. Eine unabgestimmte Halse kann euch von Bord schleudern, wenn ihr nicht darauf vorbereitet seid.
- Überlegt schon vor dem Start, je nach Windstärke und Revier, wie ihr sicher das Ufer oder den Strand erreichen könnt.
- Checkt mit besonderer Sorgfalt die Trapezdrähte regelmäßig, nicht nur im unteren Bereich, sondern auch im Mastanschlag.

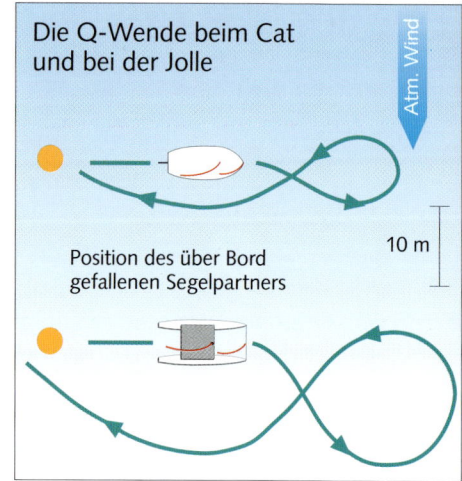

Die Q-Wende beim Cat und bei der Jolle

Atm. Wind

Position des über Bord gefallenen Segelpartners

10 m

Das Wichtigste jedoch ist das alleinige Beherrschen des Über-Bord-Manövers. Übt dieses Manöver auch unter schwierigen Bedingungen. Zunächst natürlich noch mit dem Segelpartner an Bord. Werft unverhofft eine Boje über Bord und versucht, sie wieder aufzufischen.

Weil der Cat so schnell segeln kann, benötigt ihr ein ganz besonderes Verfahren, um zu eurem Segelpartner zurückkehren zu können. Die Q-Wende (oder auch Acht-manöver genannt) wird auch beim Jollesegeln verwendet, jedoch muss sie beim Cat etwas anders gesegelt werden.

Sinn der Q-Wende ist, zu einem bestimmten Ausgangspunkt, der Position des über Bord gefallenen Mitseglers, zurückzukehren, ohne eine Halse segeln zu müssen. Im Vergleich zur Jolle-Q-Wende fallt ihr unmittelbar nach dem Verlust des Mitseglers in einem weiten Bogen ab, segelt also

deutlich nach Lee. Zur anschließenden Wende setzt ihr erst an, wenn sich euer Mitsegler etwa 20 Meter in Luvhöhe befindet. Warum? Durch das Wendemanöver gewinnt ihr in der Regel wesentlich mehr Höhe als mit einer Jolle. Somit kann es sein, dass ihr ohne einen vorherigen Segelweg nach Lee die Wende in Luv eures Segelpartners beendet habt. Dann hättet ihr nur noch die Chance, wiederum Raumschots und mit hoher Geschwindigkeit zurückzusegeln. Genau dies ist nicht anzustreben. Es ist besser, sich aus einer Position in Lee auf Am-Wind-Kurs dem über Bord gefallenen Mitsegler zu nähern. Hier könnt ihr Richtung und Geschwindigkeit besser dosieren.

Wenn ihr das Ansegeln aus der Nahezu-Aufschießer-Position beherrscht, fällt euch das Annähern recht leicht.
Wie könnt ihr euren Mitsegler nun am besten wieder an Bord holen? Sicherlich

nicht über das Heck, dann besteht die Gefahr, dass ihr sofort kentert. Nehmt euren Freund immer in Luv auf. Mit wenig Fahrt im Schiff könnt ihr eventuell noch Korrekturen vornehmen. In Höhe des Vorderholms ist der Cat sehr lagestabil, weil ihr euch in der Nähe des Schwerpunktes befindet.

Falls euer Cat zu hohe Bordwände hat (gibt es bei einigen Catamarantypen) und ihr es nicht schafft, hoch zu klettern, dann lasst euch die Aufrichtleine zuwerfen. Eine Schlaufe legen, Knoten rein und schon ist die Trittleiter fertig. Aber aufgepasst: Riskiert nicht, dass plötzlich beide im Wasser strampeln und einem einsamen, davon segelnden Cat hinterher schauen.

Noch etwas Wichtiges: Häufig wird in all der Hektik beim Aufsteigen vergessen, dass man auf dem Bauch einen kleinen Metallhaken trägt, den Trapezhaken. Dieser bohrt sich dann unter dem Bauch des sich hinaufwuchtenden Seglers gerne in das Boot. Derart geschundene Catamarane sehen aus, als hätte jemand seine Schießübungen an Deck absolviert. Das muss nicht sein. Mit einem Hüftdreher beim Aufsitzen erspart man sich mühselige Reparaturen.

Bei allen Hilfsaktionen ist das Wichtigste, dass der an Bord Gebliebene jederzeit die Kontrolle über den Cat behält. Falls das Manöver beim ersten Versuch nicht gelingt, probiert die Q-Wende einfach noch mal. Erst nach dem dritten erfolglosen Ansatz ist es ratsam, den Cat möglichst in der Nähe des schwimmenden Segelpartners durchzukentern. Warum?

Dies ist die einzige Lage des Catamarans, in welcher er nicht so stark abtreibt. Dadurch hat euer Partner noch eine Chance, den Cat zu erreichen.

Auch macht es Sinn, eine neue Q-Wende zu segeln, wenn dadurch das An-Bord-Kommen erleichtert werden kann. Niemals solltet ihr euch vom im Wasser schwimmenden Partner entfernen, um vielleicht Hilfe zu holen. Auch wenn das Wasser Badetemperatur hat, ist eine Auskühlung schnell möglich. Es ist also besser, mit dem Cat bei eurem Segelpartner zu bleiben.

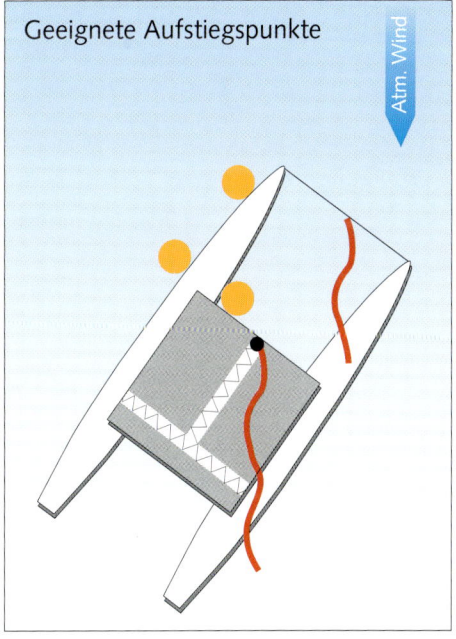

Geeignete Aufstiegspunkte

Atm. Wind

73

1 Der Segelpartner fällt in Luv über Bord. Behaltet seine Position im Blick.

2 Jetzt falle deutlich ab. Plane dir einen weiten Leebogen. Schoten fieren nicht vergessen.

8 Achte jetzt darauf, dass du deinen Segelpartner in Luv aufnehmen willst. Segle also nicht direkt darauf zu, da du sonst kurz vor dem Erreichen nochmal abfallen müsstest.

10 Das passt punktgenau, mit offenen Segeln stoppst du. Dein Partner kann in Höhe der Vorderholme aufsteigen.

7 Fiere jetzt Groß-Traveller- und Fockschot weit auf. So wirst du nicht zu schnell.

9 Hier befindet sich dein Segelpartner noch etwa 2 Meter in Luv. Das ist wichtig, weil du zum Stoppen nur noch in den Wind drehen musst. Zum Schluss musst du sehr präzise steuern, damit er nicht zwischen die Rümpfe gerät.

3 Hier beginnst du wieder anzuluven. Schaue dich nach deinem Segelpartner um!

4 Die Segelführung handhabst du wie bei der Wende. Drehe weiter in den Wind. Lass die Fock back stehen.

6 Auch nach dem Wechsel der Sitzposition musst du deinen Segelpartner sehen.

5 Drehe sofort weiter nach Lee, sonst gewinnst du zuviel Höhe.

11   So geht's richtig schnell

In diesem Kapitel geht es um das schnelle Segeln. Ihr wollt die beste Segelstellung herausfinden, das Trapez nutzen und auf allen Kursen einen guten Gewichtstrimm halten. Gut, jetzt treten wir mal ordentlich auf's Gaspedal.

Der Cat ist ja wesentlich breiter und kann somit mehr Segelfläche vertragen als ein Einrumpfboot. Es ist also nicht schwierig, auch als ungeübter Segler schnell zu segeln. Jedoch versteckt der Cat noch mehr, oft ungenutzte Möglichkeiten, um schneller zu segeln. Wie schnell kann ein Cat denn werden? Klar, dass der Wind hier die wichtigste Rolle spielt. Deutlich wird euch das Geschwindigkeitspotenzial durch einen Vergleich. Stellt euch vor: Auf einem Binnensee herrschen 4 Windstärken. Es gibt keine größeren Wellen, die eine schnelle Fahrt stören.

Der von uns gesegelte Jugendcat »Hobie Dragoon« kann auf Halb-Wind-Kurs und mit einem Crewmitglied im Trapezstand gut ausbalanciert bis zu 25 Knoten schnell werden. Das sind etwa 45 km/h (Umrechnung nach der Faustregel:

Knoten x 2 minus 10%

ergibt den entsprechenden km/h-Wert). Eine gut gesegelte Jolle (470er) erzielt unter gleichen Bedingungen etwa 17 Knoten.

Wollen wir nun den Cat vollends ausreizen, dann müssen wir uns noch intensiver mit den »Beschleunigern« befassen: Kurswahl – Segelführung – Gewichtstrimm – Trapez

Die Kurswahl und die Segelführung

Gleich vorweg, Höchstgeschwindigkeit könnt ihr nur auf Halb-Wind-Kurs und Raum-Wind-Kurs erreichen. Vor dem Wind und auf Am-Wind-Kurs seid ihr immer langsamer.

Wenn ihr auf Halb-Wind-Kurs euren Cat beschleunigt und dabei nicht die Segelstellung verändert, werdet ihr merken, dass die Fahrt wieder abnimmt und der Wind vorlicher einfällt.

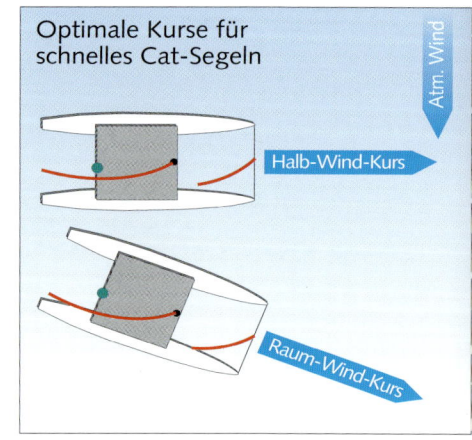

Optimale Kurse für schnelles Cat-Segeln

Atm. Wind

Halb-Wind-Kurs

Raum-Wind-Kurs

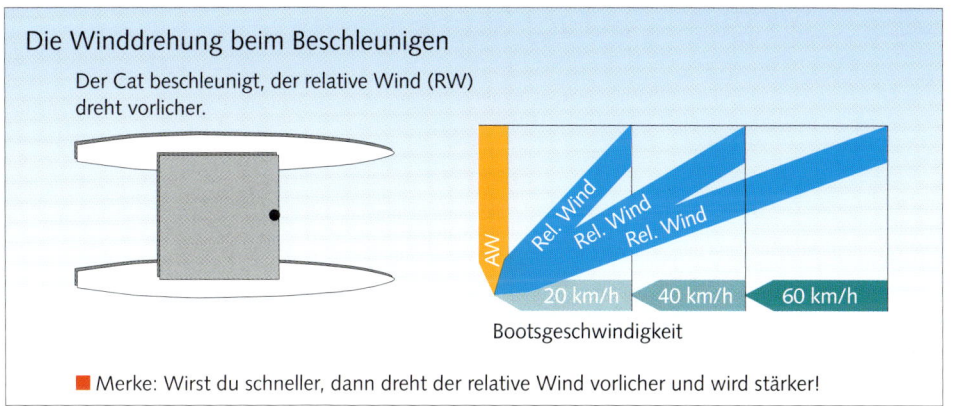

Die Winddrehung beim Beschleunigen

Der Cat beschleunigt, der relative Wind (RW) dreht vorlicher.

AW · Rel. Wind · Rel. Wind · Rel. Wind

20 km/h   40 km/h   60 km/h

Bootsgeschwindigkeit

■ Merke: Wirst du schneller, dann dreht der relative Wind vorlicher und wird stärker!

Was ist passiert?
Nur im Stillstand wehte der Wind im 90-Grad-Winkel zur Fahrtrichtung. Sobald ihr jedoch beschleunigt, spürt ihr an Bord den relativen Wind (Erinnert euch: relativer Wind = Fahrtwind kombiniert mit dem atmosphärischen Wind). Mit zunehmender Geschwindigkeit verändert sich also der Windeinfallswinkel. Die Folge: Die Segel beginnen zu flattern und verschenken einen Anteil ihrer Vortriebswirkung.

Ihr habt jetzt zwei Möglichkeiten, die beste Geschwindigkeit zu erzielen:

1. Wenn es eure Absicht ist, auf dem Halb-Wind-Kurs weiter zu segeln, dann müsst ihr die Segel dichter holen.
2. Ihr wollt die Segelstellung nicht ändern, dann korrigiert ihr die Fahrtrichtung nach Lee.

Diese Möglichkeit, durch einen Leebogen die Strömung im Segel zu halten, nennt

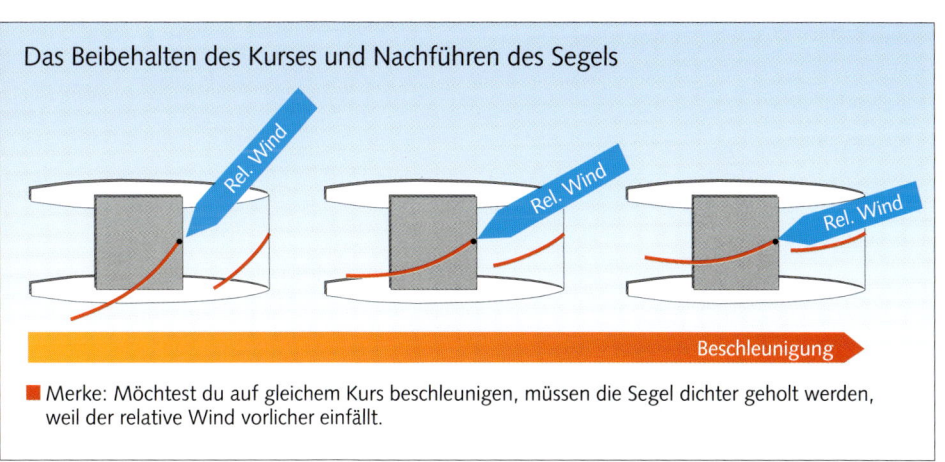

Das Beibehalten des Kurses und Nachführen des Segels

Rel. Wind · Rel. Wind · Rel. Wind

Beschleunigung

■ Merke: Möchtest du auf gleichem Kurs beschleunigen, müssen die Segel dichter geholt werden, weil der relative Wind vorlicher einfällt.

Rel. Wind

Rel. Wind

Rel. Wind

Beschleunigung

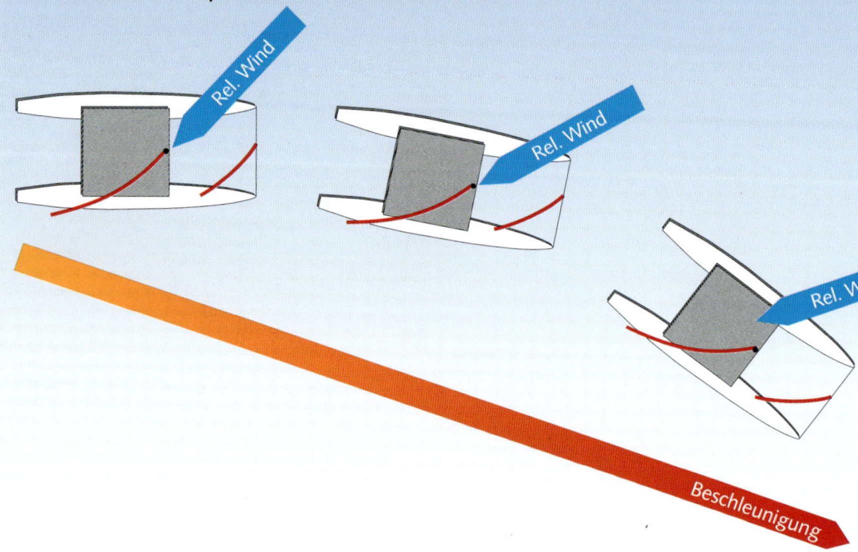

■ Merke: Möchtest du die Segelstellung beibehalten und dennoch beschleunigen, dann falle ab.

man auch »Flieger«. Ein Flieger ist demnach nichts anderes als ein mit dem relativen Wind gesegelter Halb-Wind-Kurs, obgleich man schon Raum-Wind-Kurs segelt (bezogen auf den atmosphärischen Wind).

Mit einem Flieger erreicht ihr die höchsten Geschwindigkeiten, vorausgesetzt, das Crewgewicht befindet sich an der richtigen Stelle.

Der Gewichtstrimm

Nur ein gut ausbalanciertes Boot kann richtig schnell segeln. Besonders ein Cat ist gegenüber falscher Belastung in Längsrichtung empfindlich, weil er gleich zwei

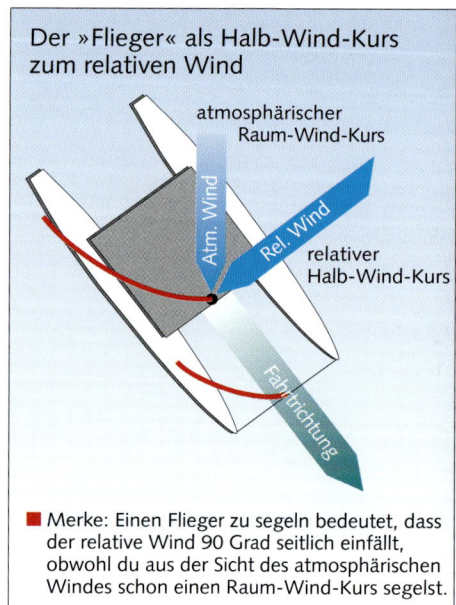

Der »Flieger« als Halb-Wind-Kurs zum relativen Wind

atmosphärischer Raum-Wind-Kurs

Atm. Wind

Rel. Wind

relativer Halb-Wind-Kurs

Fahrtrichtung

■ Merke: Einen Flieger zu segeln bedeutet, dass der relative Wind 90 Grad seitlich einfällt, obwohl du aus der Sicht des atmosphärischen Windes schon einen Raum-Wind-Kurs segelst.

Hecks und damit auch zwei senkrechte Abschlussflächen (Spiegel) hat. Tauchen diese Spiegel zu tief ein, fahrt ihr mit zwei angezogenen Handbremsen.

Schauen wir uns den Cat jetzt nochmals von vorne an. Der seitlich drückende Wind kann euren Cat zum Steigen bringen. Das sieht schon toll aus, wenn man auf einem Schwimmer segelt. Aber erreichen wir dadurch auch mehr Geschwindigkeit?

Je weiter sich der Mast neigt, desto weniger Segelfläche ist gegen den anströmenden Wind gerichtet. Die Segelfläche nimmt ab. Die größtmögliche Segelfläche erreichen wir natürlich mit senkrechtem Mast. Aber genau dann befinden sich beide Schwimmer im Wasser, und der Wasserwiderstand ist am größten. Wir benötigen also einen Kompromiss: Den Luvrumpf gerade etwas aus dem Wasser heben, dann nutzen wir die optimale Segelfläche und haben den geringsten Widerstand im Wasser.
Das ist die Kunst! Wir werden darauf gleich beim Thema Trapezsegeln ausführlich zurückkommen.
In eurer Segelpraxis werdet ihr immer den Gewichtstrimm in Längsrichtung und Querrichtung gleichzeitig vornehmen müssen.
Ändert ihr dazu noch euren Kurs, wird der Cat seine optimale Wasserlage nur finden, wenn ihr den Diagonaltrimm beherrscht.

Die Crew sitzt zu weit hinten. Die Hecks tauchen ein und bremsen.

Der Cat ist gut ausbalanciert. Die Hecks sind frei.

Die Crew hat ihr Gewicht zu weit vorne. Ruderblätter tauchen nicht mehr vollständig ein.

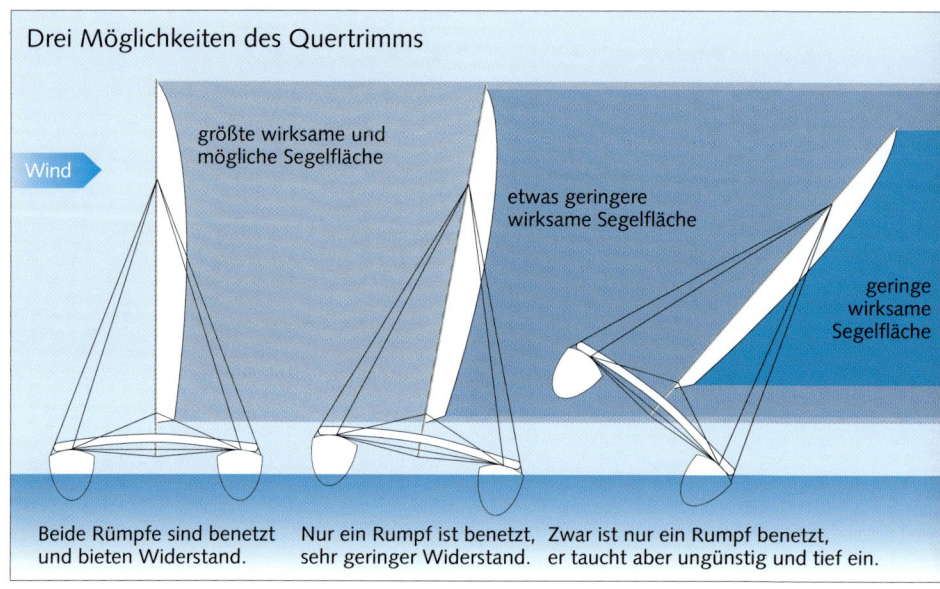

Drei Möglichkeiten des Quertrimms

Wind

größte wirksame und
mögliche Segelfläche

etwas geringere
wirksame Segelfläche

geringe
wirksame
Segelfläche

Beide Rümpfe sind benetzt
und bieten Widerstand.

Nur ein Rumpf ist benetzt,
sehr geringer Widerstand.

Zwar ist nur ein Rumpf benetzt,
er taucht aber ungünstig und tief ein.

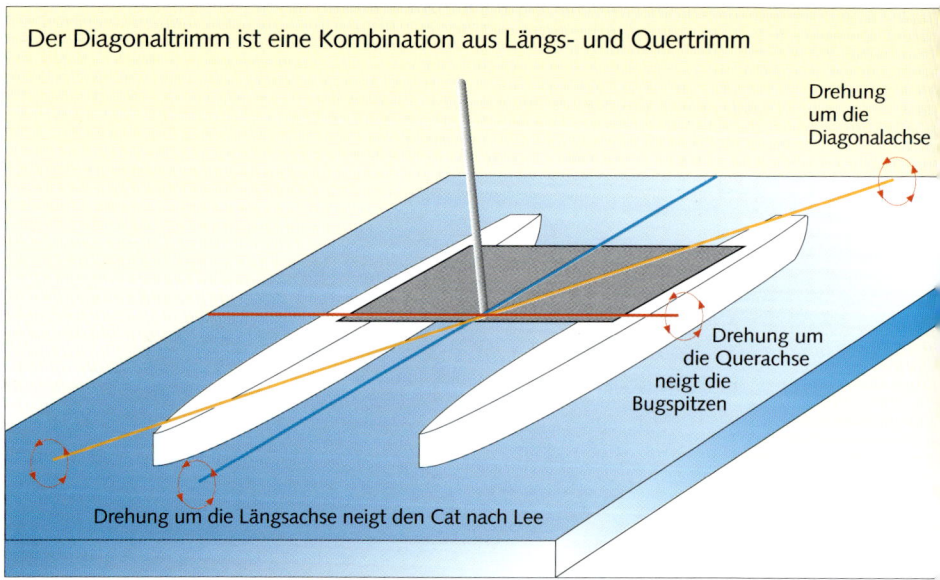

Der Diagonaltrimm ist eine Kombination aus Längs- und Quertrimm

Drehung
um die
Diagonalachse

Drehung um
die Querachse
neigt die
Bugspitzen

Drehung um die Längsachse neigt den Cat nach Lee

Ändert sich der Kurs, müsst ihr euch bewegen. Damit ihr auf allen Kursen und in Abstimmung auf unterschiedliche Windstärken die jeweils richtige Crewposition finden könnt, prägt euch folgende Tabelle ein:

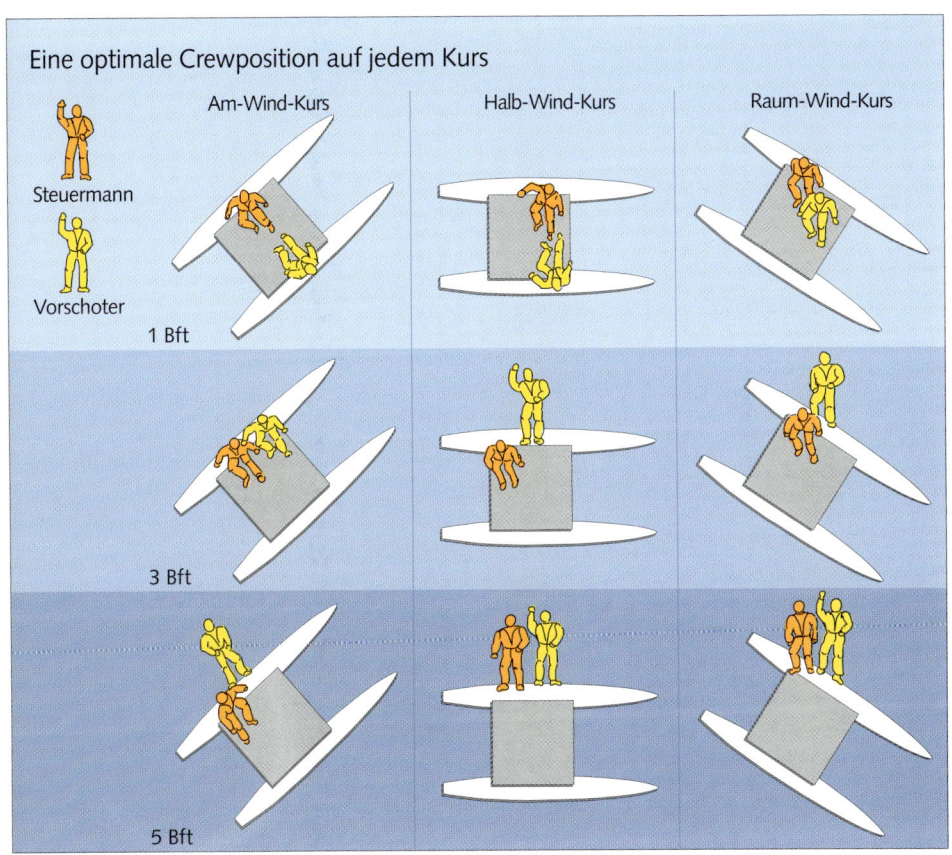

Eine optimale Crewposition auf jedem Kurs

| | Am-Wind-Kurs | Halb-Wind-Kurs | Raum-Wind-Kurs |

Steuermann

Vorschoter

1 Bft

3 Bft

5 Bft

Das Trapezsegeln

Der eigentliche Turbolader des Catamarans ist das Trapezsegeln. Hier gilt der Grundsatz:
Große Hebelkraft bringt viel wirksame Segelfläche und damit hohe Geschwindigkeit.
Die bisher beschriebenen Wege zur Steigerung der Geschwindigkeit haben weitaus geringere Bedeutung. Deshalb behandeln wir das Trapezsegeln jetzt auch etwas ausführlicher.

Das Prinzip ist ganz einfach: Bringen wir möglichst viel Crewgewicht weit außenbords nach Luv, dann bleibt auch bei höheren Windgeschwindigkeiten der Mast senkrecht, und wir nutzen die volle Segelfläche.

Wie ihr seht, ist das Trapez sehr einfach aufgebaut. Trotzdem benötigt es beim Bootscheck besondere Aufmerksamkeit. Euer Körper hängt schließlich an diesen

81

Wir benötigen einen langen Hebelarm

Das Trapez ermöglicht uns einen größeren Hebelarm, deshalb können wir...

...mit gleichem Crewgewicht bei stärkerem Wind den Cat noch aufrecht segeln...

...oder mit gleichem Crewgewicht ein größeres Segel nutzen und dennoch aufrecht segeln...

...oder auch alleine noch aufrecht segeln.

● Drehpunkt des Catamarans

● Schwerpunkt des Seglers

— Hebelarm, wenn der Segler auf dem Rumpf sitzt

— Hebelarm, wenn der Segler im Trapez steht

Wind

Das Cat-Trapez ist einfach aufgebaut:
1 Trapezdraht
2 Trapezgriff
3 Trapezknochen
4 Trapeztampen
5 Trapezstopper
6 Trapezgummizug

dünnen Drahtseilen, wenn sie brechen, fallt ihr ins Wasser und habt ein Problem!

Für die Einstellung der Trapezlänge gilt die Regel, sich im Trapezstand auf gleicher Höhe wie die Trampolinfläche zu befinden. Der Steuermann sollte etwas kürzer eingehängt sein, damit sein Blick in Fahrtrichtung nicht durch den Vorschoter behindert wird. Häufigste Fehler beim Trapezsegeln sind:

• Sich versehentlich nicht in den Trapezhaken hängen,

• sich versehentlich wieder aushaken.

Nach und nach werdet ihr ohne Trapez kaum noch segeln wollen. Das tolle Gefühl, neben dem Cat herzuschweben, wird euch begeistern. Bei all den tollen Aktionen segelt bitte behutsam, denn nicht immer ist der Segelpartner »am Draht« auf das vorbereitet, was der Rudergänger gerade plant. Wer schon mal aus voller Fahrt den sicheren Stand verloren hat, der weiß, wie hart Wasser sein kann.

Dies ist der sichere Trapezstand des Steuermanns. Beine leicht geöffnet, Körper gestreckt und Blick nach vorne.

6

Trockenübung am Strand.

Der Erfolg unserer Trapezkünste ist abhängig von der richtigen Technik.

Den Einstieg ins Trapez und den Ausstieg aus dem Trapez macht euch am besten die nachfolgende Fotoreihe deutlich. Übt diese Techniken an Land ausgiebig. Achtet dabei darauf, dass euch der Cat nicht umkippt. Also immer ein Ausgleichsgewicht auf die andere Seite bringen.

Der Vorschoter hängt den Trapezknochen in den Trapezhaken ein.

Der hintere Fuß wird zuerst gegen den Rumpf gestellt. Damit bekommst du sofort einen sicheren Stand und schützt dich gegen das Pendeln nach hinten.

Jetzt kommt auch der vordere Fuß gegen den Rumpf. Die Hand drückt sich vom Rumpf weg. Greife hier schon nach der Fockschot.

Er drückt gegen den Trapezgriff und bringt den Knochen auf Zugspannung. So kann der Trapezknochen nicht mehr herausrutschen. Der Po wird nach außen gebracht.

Die vordere Hand stützt sich gegen den Rumpf. Die hintere hält noch den Trapezgriff.

So stehst du bestens. Blick nach vorne und der Körper ist gestreckt. Solltest du noch etwas unsicher sein, so kannst du die Beine auch ein wenig mehr spreizen.

Das Trapezsegeln ist ein fetziger Spaß. Übung bringt Sicherheit, und ihr braucht den Trapezgriff nicht mehr festzuhalten.

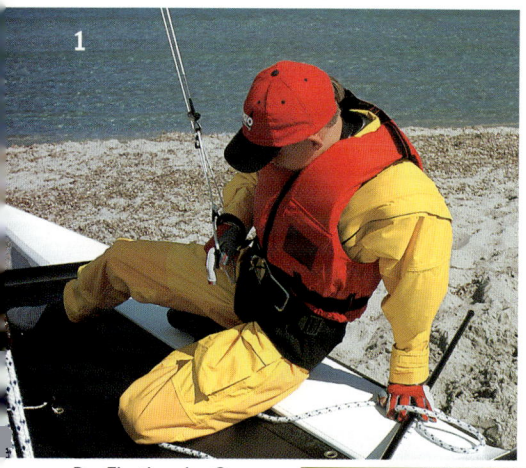

Der Einstieg des Steuermanns ins Trapez erfordert etwas mehr Geschick. Zunächst wird der Trapezknochen eingehängt. Schon jetzt muss er gleichzeitig auf Ruderführung und die Schoten achten.

Der hintere Fuß stützt zuerst. Haltet mit der Pinne den Kurs. Beim Einstieg ins Trapez soll die Großschot dichter geholt werden. Dazu gibt es einen speziellen Griff. (vgl. 2a)
Die Pinne muss durch die Hand rutschen können, damit der Kurs beibehalten wird. Gleichzeitig soll die Großschot fest gegriffen werden, um das Großsegel beim Trapezeinstieg dichter nehmen zu können.

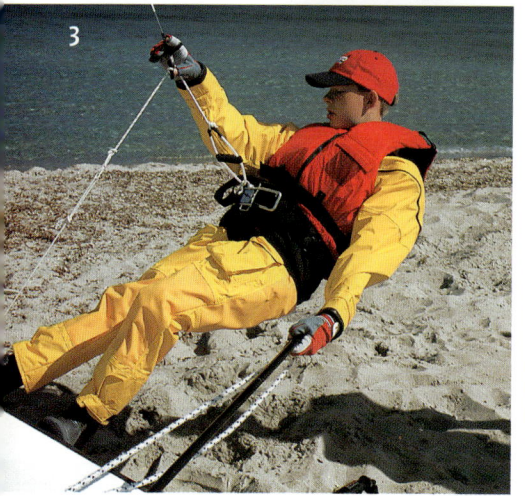

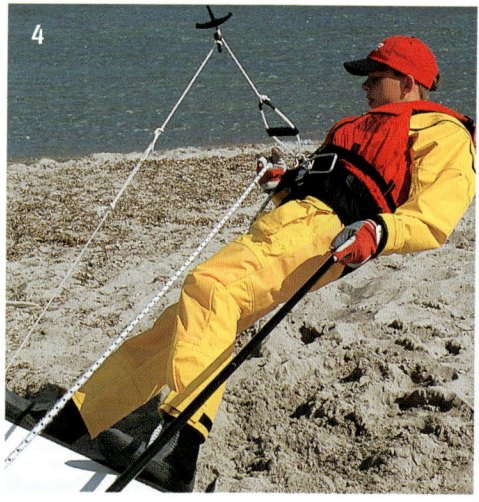

Das hintere Bein ist etwas gebeugt. Es federt die Bootsbewegungen sachte ab. Noch hält die hintere Hand Pinne und Großschot. Die vordere greift den Trapezgriff.

Die Großschot wird jetzt mit der vorderen Hand bedient. Der Stand ist sicher und die Pinne kann leicht geführt werden. Damit der Steuermann einen besseren Blick nach vorne hat, ist sein Trapez etwas kürzer eingestellt.

12   Hoch den Spi

Spektakulär wirkt das Catsegeln besonders, wenn zusätzlich zu den beiden Segeln ein Spinnaker gesetzt wird.

Genau genommen ist der Cat-Spi gar kein Spinnaker. Ein echter Spi ist symmetrisch und wird frei oder mit einem Spinnakerbaum gefahren. Unser Cat-Spi hingegen ist asymmetrisch und sowohl im Segelkopf als auch am Segelhals festgeschlagen und deshalb eigentlich ein sogenannter Gennaker.

Wir benutzen hier aber weiterhin die Bezeichnung Spi, weil sie seit geraumer Zeit unter den Catseglern immer üblicher geworden ist.

Sinn macht dieses große Segel aber nur auf Raumwind- und Vorwindkurs, wenn der Wind nicht besonders kräftig weht. Das Spi-Segeln mit dem Cat macht Spaß zwischen 2 und 4 Windstärken. Will man unter diesen Windbedingungen das Optimale aus dem Cat herausholen, ist die Crew gefordert. Jeder muss sehen und wissen, was der Segelpartner macht, seine eigenen Aktionen daraufhin abstimmen. Sonst geht's schief.

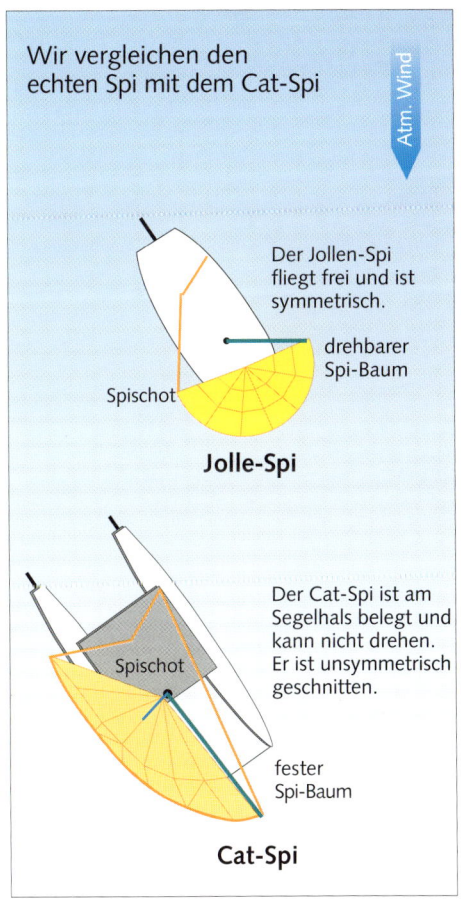

Wir vergleichen den echten Spi mit dem Cat-Spi

Atm. Wind

Der Jollen-Spi fliegt frei und ist symmetrisch.

drehbarer Spi-Baum

Spischot

Jolle-Spi

Der Cat-Spi ist am Segelhals belegt und kann nicht drehen. Er ist unsymmetrisch geschnitten.

Spischot

fester Spi-Baum

Cat-Spi

Das Spi-Setzen und Spi-Bergen

Eure ersten Versuche startet ihr an Land. Dreht den Cat auf Raumwindkurs. Es sollten höchstens 2 Windstärken herrschen. Zur Sicherheit sollten eure Freunde den Cat beschweren.

Kopf, Hals und Schothorn des Segels werden angeschlagen und ragen ein wenig aus dem Spisack heraus.

Auf Raumschot-Kurs ziehst du den Spi aus dem Sack und wirfst ihn nach Lee. Sofort ziehst du den Spi mit dem Spifall hoch.

Einfacher vollzieht sich das Spi-Setzen, wenn sich der Spi auf Raum-Wind-Kurs noch in der Abdeckung des Großsegels befindet.

Jetzt entwickelt der Spi schon Kraft. Da er noch nicht ganz nach oben gezogen ist, wird er etwas wild zur Seite schlagen. Zieh das Spifall kräftig weiter hoch.

Noch hat der Spi keinen Winddruck. Er sieht aus wie ein langer Schlauch.

Wenn du nicht schnell genug den Spi setzt, wird er im Bugbereich eintauchen.

Je höher der Spi kommt, desto ruhiger wird das Tuch. Jetzt kann der Steuermann ein wenig anluven, um den Spi anströmen zu lassen. Belege das Spifall.

Ist das Vorliek des Spi gestreckt, greife die Spischot und hole langsam dicht. Der Steuermann wählt den Kurs, und du versuchst, den Spi darauf einzustellen. Gut ist, wenn das Vorliek noch nicht zu flattern beginnt.

Das Bergen des Spi geschieht auch auf Raum-Wind-Kurs. Das Spifall muss frei sein, damit es sich nicht in der Klemme beim Fallen des Spi verknotet.

Du greifst mit der rechten Hand an das Schothorn des Spi, gleichzeitig löst du mit der linken Hand das Spifall.

Kontrolliere dauernd, ob sich der Spi irgendwo verhakt hat. Ziehe nicht weiter, wenn du einen Widerstand spürst.

Die Fock sollte eingerollt bleiben, bis der Spi wieder an Bord ist.

Mit beiden Händen greifst du jetzt ins Tuch und versuchst zuerst das Unterliek auf das Trampolin zu ziehen, damit es nicht ins Wasser fällt.

Der Spi fällt wieder zu einem Schlauch zusammen. Jetzt ziehst du den Segelkopf zu dir herunter.

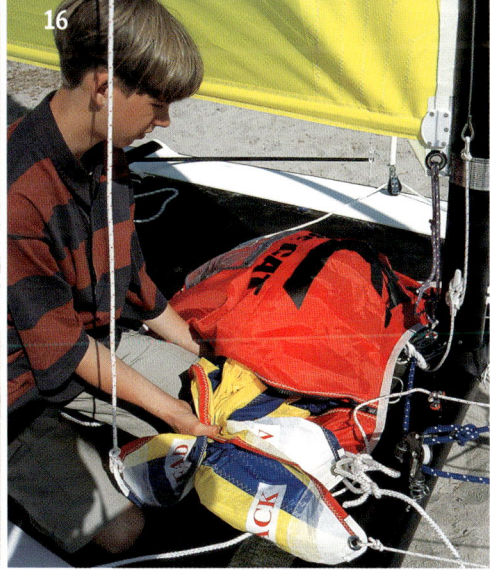

Gut, wenn der Spi mit dem mittleren Tuchbereich zuerst in den Spisack kommt.

Die Segelecken liegen obenauf. Ein sorgfältig gepackter Spi lässt sich dann wieder leicht setzen.

Damit ihr später auf dem Wasser beim Herausziehen des Spinnaker keine böse Überraschung erlebt, müsst ihr den Spi sorgfältig packen. Die Spi-Ecken schauen richtig geordnet aus dem Sack. Die Schoten laufen frei über das Trampolin, und das Spifall liegt griffbereit.

Achtet darauf, dass das Spifall vollständig durchgesetzt und der Segelkopf bis zum Mastanschlag gezogen ist. Sonst weht euch der Spi nur so vor der Nase herum. Gefühlvoll sollt ihr ziehen, denn schnell verhaken sich Fall oder Spinnaker in der Takellage. Das dünne Tuch reißt leicht ein. Holt die Spischot erst dicht, wenn der Spi oben und das Spifall belegt ist.

Rauf ist einfach, aber runter? Keine Angst! Eine gute Vorbereitung ist der halbe Erfolg. Das Wichtigste: Das Spifall muß frei seinen Weg finden können. Häufig wird es in den Sack gestopft und ist als Knäuel dann unbrauchbar. Also schon nach dem Spi-Setzen das Fall ordentlich aufschießen. Vor dem Lösen der Spi-Klemme ist es ratsam, das gesamte Fall achteraus ins Wasser zu werfen. Es ordnet sich dann durch die Wasserströmung. Es ist nervig, aber auch gefährlich, wenn ein Knoten das Spifall beim Bergen in der Klemme blockiert, da die Zugkräfte gewaltig sind.
Auf dem Wasser ist der Umgang mit dem Spi nicht schwieriger als an Land. Wer fleißig übt, bekommt schnell Spaß am Spi-Segeln.

Die Spi-Führung auf unterschiedlichen Kursen

Auf Halb-Wind- und Raum-Wind-Kursen ist Spi-Segeln Spaß pur. Die beste Wirkung erzielt der Spinnaker, wenn ihr die Schot so dicht nehmt, dass er im Vorliek gerade eben nicht mehr killt. Also erst öffnen und dann vorsichtig dicht nehmen. Jede Kursänderung des Steuermanns muss durch die Spi-Schot nachgeführt werden. Ganz besonders untypisch ist die Schotführung und Ruderführung bei einfallenden Windstößen. Jeder Segler folgt seinem Reflex, bei Böeneinfall zu luven. Ganz anders beim Spi-Segeln. Damit der Cat nicht steigt oder gar kentert, müsst ihr abfallen. Warum? Der Spinnaker birgt sehr viel Querkraft in sich. Bei Windstößen aus Raum-Wind-Kurs anzuluven hat zwei Nachteile:
1. Der Spi killt und schlägt in der Takellage.
2. Der Segelweg nach Luv dauert zu lange und der bauchige Spi wird nicht sofort von seiner Windkraft befreit.

Es macht Sinn, dem Windstoß durch Abfallen nach Lee zu folgen. Dadurch nimmt der Cat Fahrt auf, wir folgen dem Wind, und der Druck nimmt ab.

Dabei nähert sich die Geschwindigkeit des Cats der des atmosphärischen Windes. Dies ist genau so, als ob ihr auf dem Fahrrad mit Rückenwind fahrt. Habt ihr eine bestimmte Geschwindigkeit erreicht, wird es auf dem Fahrrad windstill.

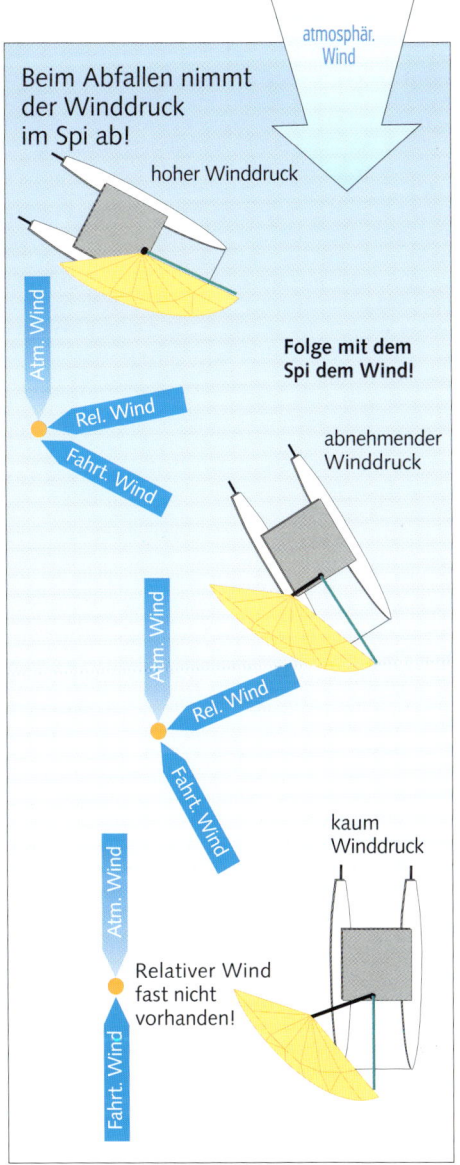

atmosphär.
Wind

Beim Abfallen nimmt der Winddruck im Spi ab!

hoher Winddruck

Atm. Wind

Rel. Wind

Fahrt. Wind

Folge mit dem Spi dem Wind!

abnehmender Winddruck

Atm. Wind

Rel. Wind

Fahrt. Wind

kaum Winddruck

Atm. Wind

Relativer Wind fast nicht vorhanden!

Fahrt. Wind

Mehr ist aber auch auf diesem Kurs nicht drin. Die Spi-Schot wird weit aufgefiert. Aber noch wichtiger ist auf diesem Kurs der richtige Gewichtstrimm. Die Crew muss an den Vorderholm, die Spiegel sind frei. Die Ruderkorrekturen erfolgen sehr behutsam.

An Land könnt ihr die richtige Einstellung des Spi üben. Fiert ihn auf, bis er flattert. Dann langsam dichtholen, bis das Vorliek gut angeströmt wird. Nehmt ihr ihn zu dicht, gibt es zu viel Querkraft.

Jetzt könnt ihr euch auch vorstellen, wie der Spi auf Vorwindkurs funktioniert. Er soll den Wind großflächig einfangen und den Cat auf die gleiche Geschwindigkeit des atmosphärischen Windes bringen.

Die Halse mit dem Spi

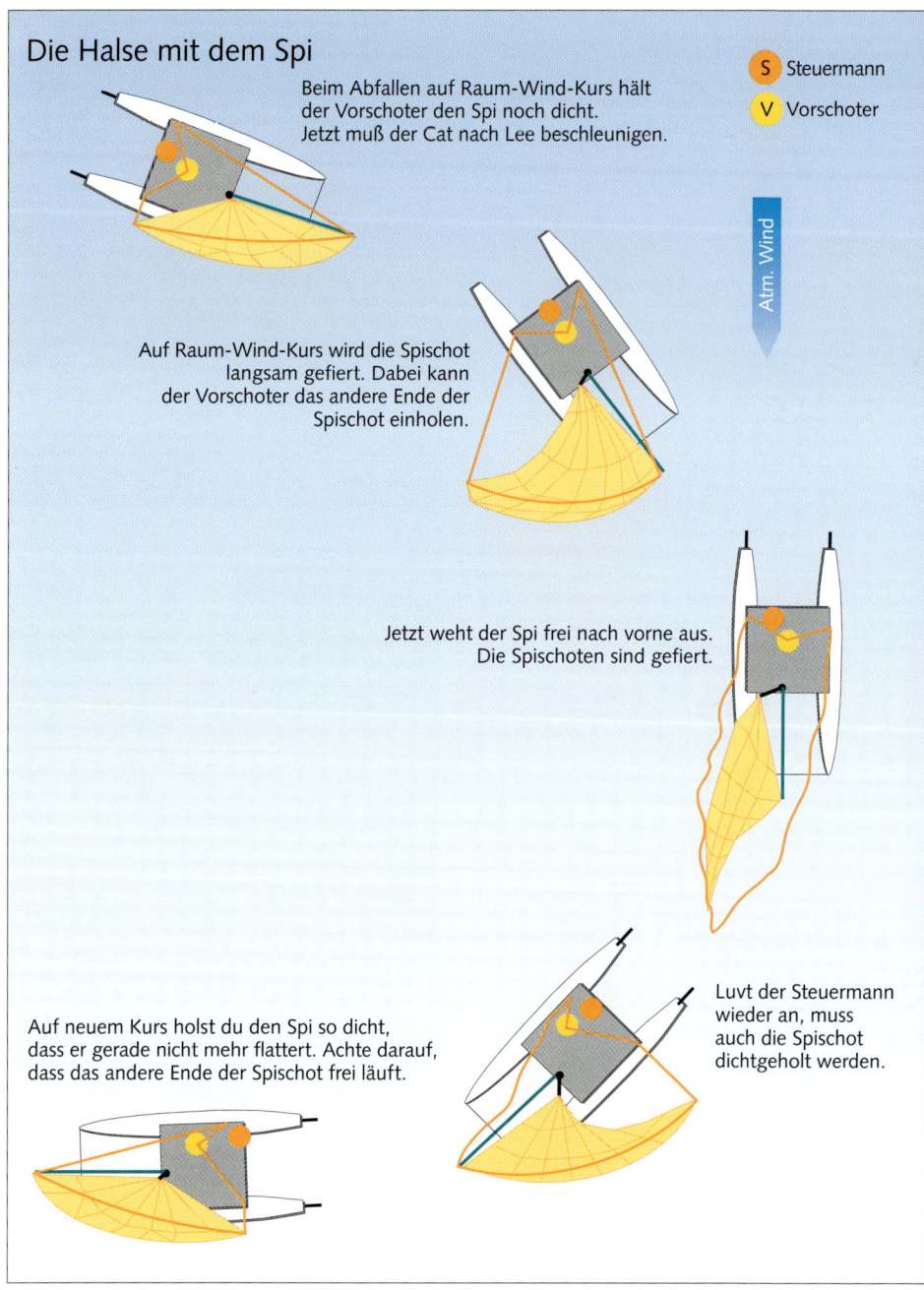

Beim Abfallen auf Raum-Wind-Kurs hält der Vorschoter den Spi noch dicht. Jetzt muß der Cat nach Lee beschleunigen.

S Steuermann
V Vorschoter

Atm. Wind

Auf Raum-Wind-Kurs wird die Spischot langsam gefiert. Dabei kann der Vorschoter das andere Ende der Spischot einholen.

Jetzt weht der Spi frei nach vorne aus. Die Spischoten sind gefiert.

Luvt der Steuermann wieder an, muss auch die Spischot dichtgeholt werden.

Auf neuem Kurs holst du den Spi so dicht, dass er gerade nicht mehr flattert. Achte darauf, dass das andere Ende der Spischot frei läuft.

Die Spi-Halse

Das geeignete Manöver, um die Segelrichtung zu ändern, ist die Halse mit dem Spi.
Je weiter ihr in Richtung Vor-Wind-Kurs
abfallt, um so weiter fiert ihr auch den
Spinnaker. Dann weht er voraus und erzeugt keinen Druck. Die Halse mit dem
Spi ist deshalb einfach und eigentlich auch
ungefährlich zu segeln.

Vermeidet es, mit dem Spi eine Wende zu
fahren. Mit genügend Schwung und guter
Schotarbeit könnte die Wende zwar gelingen, jedoch lauft ihr Gefahr, dass sich der
im Wind heftig flatternde Spi in der Take-
lage verfängt und zerreißt.

Auf Am-Wind-Kurs müsst ihr sehr fein-
fühlig mit dem Spi arbeiten. Auch darf der
Steuermann nicht zu sehr in den Wind
drehen. Schnell flattert der Spi in der
Takellage. Je flacher euer Spinnaker geschnitten ist, desto höher könnt ihr an den
Wind segeln.

Das schnelle Segeln mit dem Cat macht
Lust auf mehr. Der Spaß am Üben und
Ausprobieren steigert euer Können. Ihr
versteht euch als Crew bald auch ohne
Worte, weil ihr ein »Händchen« für's Cat-
Segeln gewonnen habt.

*So soll es aussehen: Die Fock ist eingeholt und das
Vorliek des Spi steht.*

13   Zu viel Wind, was tun?

Wenn es mal so richtig bläst, gibt es ein paar Dinge, die euch das Rumtoben da draußen erleichtern.

Kommt der Wind in Böen, erkennt ihr diese anhand der Wasseroberfläche. Streckenweise kräuselt sich das Wasser stärker und färbt sich dunkler. Der Vorschoter beobachtet diese Wasserfärbung und gibt dem Steuermann Bescheid.
Trifft die Böe bei euch ein, heißt es Großschot fieren, um so den starken Druck aus dem Segel zu nehmen.
Überhaupt solltet ihr bei viel Wind die Segel nicht ganz so dicht fahren und den Traveller weiter außen setzen. Die Segelstellung passt ihr den veränderten Bedingungen an. Ihr nehmt das Groß bei geöffnetem Traveller dicht und trimmt es flach. Dazu werden das Vorliek und Unterliek dichter gezogen. Die Latten erhalten wenig Spannung (vgl. Kap. 2). Den Fock-Holepunkt setzt ihr nach außen.
Reicht das alles immer noch nicht und könnt ihr euren Cat kaum halten, habt ihr die Möglichkeit, die Fock zu bergen und nur mit dem Groß zu segeln.
Was sonst noch ansteht? Auf den Leeschwimmer müsst ihr besonders achten. Er unterschneidet gern mal, bohrt sich

Rauschefahrt, so macht's Spaß.

Segeltrimm bei Starkwind: Der Vorliekstrecker ist dicht, hinter dem Mast zeigen sich leichte senkrechte Falten.

dann tief ins Wasser. Was dann passiert ist klar – Schwimmstunde. Das Boot kippt entweder über die Bugspitzen oder kentert nach Lee.

Eine Kenterung ist aber auch in diesem Fall nicht unausweichlich: Wenn sich der Schwimmer ins Wasser bohrt oder zu bohren droht, schnell Fockschot und Groß-

Kenterung bei böigem Wind ist schnell passiert!

Trapezstand dicht am Steuermann.

schot fieren, um den Druck in den Segeln zu verringern und euer Gewicht schnellstens nach hinten bringen.

Damit es aber erst gar nicht zu all dem kommt und ihr eure Fahrt genießen könnt, verlagert ihr bei viel Wind euer Gewicht von vornherein nach achtern. Der Steuermann setzt sich so dicht wie möglich an den hinteren Holm, und der Vorschoter im Trapez stellt sich dicht neben den Steuermann. Manchmal ist es sogar noch besser, sich hinter den Steuermann zu stellen.

Segeln bei viel Wind macht Spaß. Es ist ein gigantisches Gefühl, wenn ihr nur auf einem Rumpf über das Wasser fetzt und kurz vorm Abheben seid. Doch bei aller Gaudi solltet ihr Folgendes beachten, damit auch wirklich nichts schiefgeht:

Bevor ihr auf das Wasser geht, meldet euch an Land ab! Es ist besser, wenn an Land jemand nach euch Ausschau hält. Sorgt dafür, dass ein Motorboot einsatzbereit ist, falls ihr doch mal schnell Hilfe braucht. Außerdem: Achtet auf die Windrichtung! Ablandiger Wind ist gefährlich, bei einer Kenterung treibt ihr vom Ufer weg. Bei ablandigem Wind spürt man an Land die wahre Windstärke auch nicht. Denn bei dieser Windrichtung ist das Ufer geschützt, und ihr merkt die Kraft, die der Wind tatsächlich hat, erst auf dem offenen Wasser. Also Vorsicht!

Falls ihr kentert, nur keine Panik. Selbst wenn der Catamaran durchkentert und ihr ihn mal nicht alleine aufrichten könnt, das umgedrehte Trampolin ist eine wirklich sichere Plattform. Also ruhig bleiben!

14   Jetzt möchte ich mal alleine los

Soweit alles klar? Dann sollten wir alles bisher Gelernte vielleicht noch toppen. Allein auf einem Cat oder der absolute Kick: Solo im Trapez – allein über dem Wasser schweben!

Keine Scheu, das hört sich schwieriger an, als es in Wirklichkeit ist. Denn ihr habt ja bereits sowohl als Steuermann als auch als Vorschoter eure Erfahrungen gemacht. Und jetzt erledigt ihr einfach nur die Aufgaben von beiden mehr oder weniger gleichzeitig. Und wenn ihr euch Zeit lasst und nicht hektisch an allen Schoten gleichzeitig zieht, ist es gar kein Problem.

Am besten probiert ihr das Allein-Segeln erst einmal zu zweit. Wie das gehen soll? Ganz einfach – der Einhandsegler (das nennt man tatsächlich so) übernimmt alle Arbeiten an Bord, und der Mitsegler ist nur als Sicherheitsbegleiter dabei. Logisch, dass ihr euch auch dabei abwechselt.

Alle Manöver fährst du, der Einhandsegler, so, wie du sie vorher als Steuermann gefahren bist. Die Fock ignorierst du erst einmal und belegst die Fockschot in der Klemme, was du ja auch als Vorschoter schon gemacht hast. Erst wenn du Großschot und Pinne klar hast, kümmerst du dich um deinen Zweitjob als Vorschoter.

Solo segeln – die große Herausforderung.

Trockenübung für angehende Solisten: Steuern aus dem Trapez am Strand

Und schließlich geht die Post richtig ab. Alleine im Trapez – das hat was.

So ganz einfach ist es am Anfang wirklich nicht. Du segelst und steigst ins Trapez genauso wie als Steuermann, nur muss diesmal die Fockschot mitgenommen werden. Wohin mit den Leinen? Kein Problem: Du nimmst Pinne und Großschot in die eine, die Fockschot in die andere Hand. Dann: Ausstieg, Kurs halten, sicherer Stand, Großschot dicht, Fockschot dicht. Klingt kompliziert, ist aber wirklich nur Übungssache. Wenn man den Ein- und Ausstieg erst ein paar Mal hinter sich gebracht hat, klappt er ganz automatisch. Ein Tipp: Den Bewegungsablauf zuvor auf dem Trockenen üben.

Geht es euch zu schnell, oder steigt euer Catamaran zu sehr, fiert die Großschot ein Stück auf. Dabei solltet ihr aber vorher kontrolliert haben, dass ihr den Zugwinkel der Großschotklemme richtig eingestellt habt und ihr die Großschot auch vom Trapez aus schnell mit einem Ruck öffnen könnt.

Und außerdem: Was macht's, wenn es nicht klappt? Im schlimmsten Fall ist es wie ein Sturz beim Snowboardfahren, und ein paar blaue Flecken sind auch nicht die Welt. Oder seht es doch so, wie es ein amerikanischer Olympia-Segler mal beschrieb: »Wer nie kentert, segelt zu vorsichtig!«

Kurz vor der Kenterung: Wer alleine segeln will, sollte vorher unter Aufsicht üben, ob er den Cat alleine aufrichten kann.

100

15   Wie geht es weiter?

Nach all den Übungen müsstet ihr jetzt eigentlich schon ganz schön fit auf eurem Cat sein. Klar, dass es noch besser geht, wenn ihr weiter am Ball bleibt. Übt und probiert. Ihr werdet dann sicherer, schneller und habt dadurch noch mehr Spaß an der Sache. Ihr könnt Touren mit dem Cat unternehmen oder langsam in die Regattasegelei hinein riechen. Es gibt immerhin spannenden Wettkampfsport schon auf Vereinsniveau. Dann folgen lokale Wettfahrten, Ranglistenregatten in einer bestimmten Cat-Klasse oder die Teilnahme bei »Rund Texel«, der größten Cat-Veranstaltung der Welt. Und wer weiß, vielleicht startet ihr eines Tages bei den olympischen Segelwettbewerben. Oder ihr wachst durch Glück, Zufall oder Können in die Hochsee-Catszene hinein und düst später mal auf zwei Beinen über den Atlantik oder gar um die Welt.

Alles ist möglich; ihr habt es in der Hand.

Der Cat in der Brandung – Segeln in der Welle verlangt nach bester Bootsbeherrschung.

Cat sportlich (ganz oben): Auf der Insel Texel lockt alljährlich die weltweit größte Catamaran-Regatta Hobbysegler und Könner.

Cat gemütlich: Fahrtenschiffe mit zwei Beinen bieten Platz und Komfort.

Cat akrobatisch (links): Segeln auf einer Kufe ist ein Balanceakt zwischen Himmel und Wasser.

16   Kleine Knotenkunde

Zur Anwendung kommen beim Cat-Segeln einige Knoten, die ihr vielleicht aus eurer bisherigen Segelpraxis schon kennt. Unsere kleine Knotenkunde dient damit also der Auffrischung. Wer zum ersten Mal Seglerknoten stecken möchte, der übt am besten mit einem oder zwei 5 mm oder 8 mm Tampen (Länge: 50 cm). Auf geht's!

Halber Schlag
Anwendung: Zur Sicherung anderer Knoten gegen das Ausrutschen, Halteknoten in der Aufrichtleine.

Palstek
Anwendung: Festmachen der Spischoten am Schothorn des Spi, Befestigen des Gummizuges an den Trapeztampen.

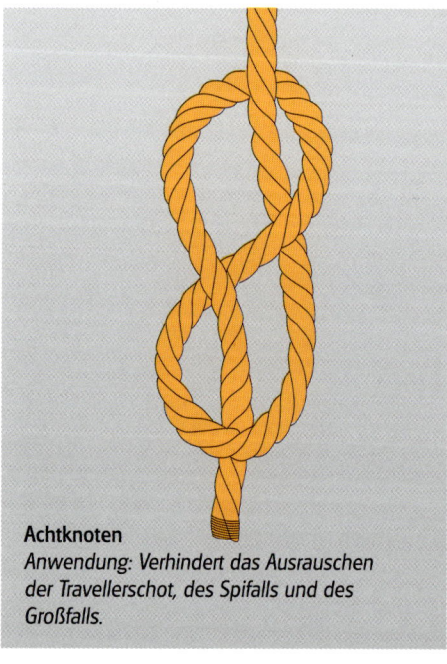

Achtknoten
Anwendung: Verhindert das Ausrauschen der Travellerschot, des Spifalls und des Großfalls.

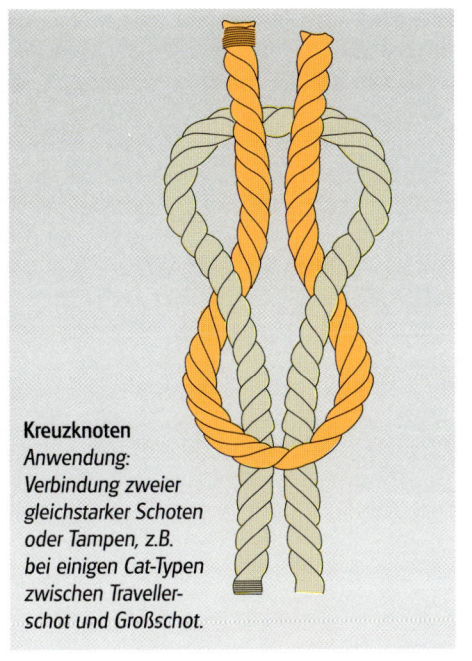

Kreuzknoten
Anwendung:
Verbindung zweier
gleichstarker Schoten
oder Tampen, z.B.
bei einigen Cat-Typen
zwischen Traveller-
schot und Großschot.

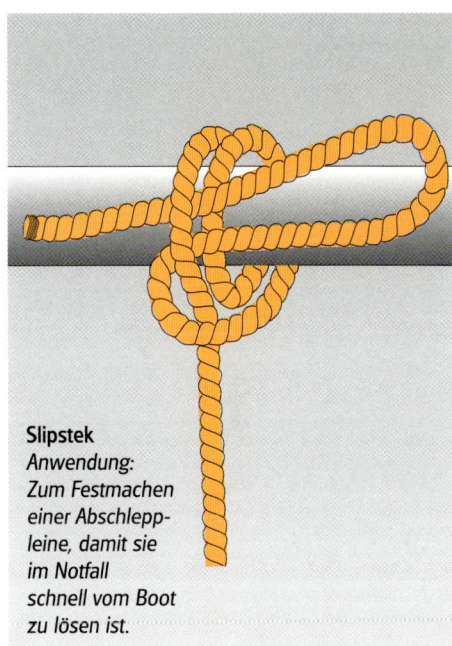

Slipstek
Anwendung:
Zum Festmachen
einer Abschlepp-
leine, damit sie
im Notfall
schnell vom Boot
zu lösen ist.

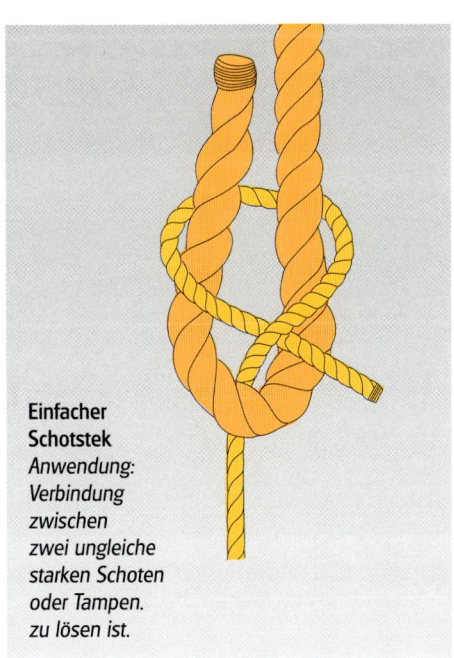

Einfacher
Schotstek
Anwendung:
Verbindung
zwischen
zwei ungleiche
starken Schoten
oder Tampen.
zu lösen ist.

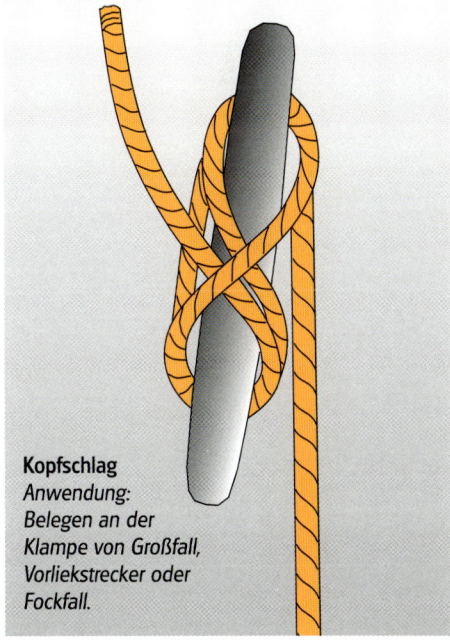

Kopfschlag
Anwendung:
Belegen an der
Klampe von Großfall,
Vorliekstrecker oder
Fockfall.

107

Das Größte: Der 125-Fuß-Cat Playstation (38 Meter lang) wurde für Rekordversuche gebaut und erreicht bis zu

Knoten (72 km/h) Speed.

Foto: C. Fevrier

17 Adressen, die euch weiter helfen

Falls ihr jetzt noch Fragen habt oder euch nach Segelclubs in eurer Nähe erkundigen möchtet, haben wir ein paar Adressen von Leuten zusammengestellt, die euch weiterhelfen können.

Deutscher Segler-Verband (DSV)
Gründgensstraße 18, 22309 Hamburg,
Tel.: 040/6320090
Internet: http://www.dsv.org.de
Hier erfahrt ihr Adressen von verbandsanerkannten deutschen Segelschulen im In- und Ausland. Ob diese Cat-Kurse veranstalten, müsst ihr dann bei den Schulen selbst erfragen.

Der Deutscher Catamaran-Schulverband e.V.
bildet Cat-Lehrer aus, informiert über ihm angeschlossene Vereine, die Cat-Segeln im Programm haben, und bietet auch Segelferien und Schulklassenfahrten an.
Internet: http://www.cat-segel-sport.de

Sportjugend-Verbände
der Städte, Gemeinden und Kreise informieren über Ferienfahrten, in welchen Cat-Segelkurse angeboten werden. Ihre Adressen erhaltet ihr über die Gemeinde- oder Stadtverwaltung.

Hobie Cat Europe (Hersteller)
Frankreich (F-83078 Toulon Cedex 9, Zi Toulon Est, Tel.: 0043-4-94087878). Hier erfahrt ihr alles über Produkte, Händler und Regattaaktivitäten.

Ansehen könnt ihr euch die Catamarane auf der weltgrößten Bootsausstellung, der **Boot Düsseldorf**. Sie findet jährlich in der letzten Januarwoche statt.
Infos: Tel.: 0211/4560900;
Internet: www.messeduesseldorf.de.

Deutsche Hobie Cat Klassenvereinigung e.V. (DHCKV)
Sitz Hamburg
Geschäftsstelle: Ackerstraße 41,
51519 Odenthal-Glöbusch
Tel.: 02174/40048

Cat-Segeln in der Flotte bringt nicht nur Spaß, sondern auch Anreiz, besser zu segeln als die Anderen.

Ein weiterer Buchtipp zum Segeln auf der schnellen Kante

Zahlreich sind heute schon die Ferienzentren, in denen man Strandcatamarane mieten oder das Segeln damit erlernen kann.
Nur – so mancher traut sich nicht. Denn Catamaran-Segeln ist nicht wie Jollensegeln nur auf zwei Rümpfen. Vieles ist ganz anders. Allein sich auf dem federnden Trampolin zu halten, bereitet Anfängern die ersten Probleme. Und bereits mit dem Ablegen beginnt es: der Diagonaltrimm, die andere Schotführung; Basismanöver wie Wenden und Halsen müssen anders gefahren werden als auf einem Einrumpfboot. Nur wer die Unterschiede kennt, erlebt die wahre Faszination des Cat-Segelns pur. Helmut Hinnemann – er führt seit Jahren erfolgreich Cat-Segelkurse durch – nimmt hier den Ein- und Umsteiger an die Hand, macht ihn Schritt für Schritt mit dem Boot vertraut und zeigt ihm, wie man einem Strandcatamaran das Steigen abgewöhnt und das Laufen beibringt.

Helmut Hinnemann
Cat-Segeln
Für Einsteiger
120 Seiten, 168 farbige Abbildungen, kart.
ISBN 3-7688-0743-6

Erhältlich im Buch- und Fachhandel oder beim Delius Klasing Verlag, Postfach 10 16 71, 33516 Bielefeld. Gerne senden wir Ihnen unser ausführliches Gesamtverzeichnis.

DELIUS KLASING